PAUL ALEXIS

LE BESOIN D'AIMER

> LE COLLAGE
> LES VIERGES — LES FILLES
> LES AMANTS — LES COCUS — LES MÈRES
> LE RETOUR DE JACQUES CLOUARD

PARIS

G. CHARPENTIER ET Cie, ÉDITEURS

13, RUE DE GRENELLE, 13

1885

LE
BESOIN D'AIMER

DU MÊME AUTEUR

LA FIN DE LUCIE PELLEGRIN, 3e édition, 1 vol. . . 3 50
ÉMILE ZOLA (NOTES D'UN AMI), 3e édition, 1 vol. . . 3 50
CELLE QU'ON N'ÉPOUSE PAS, pièce en 1 acte (Gymnase, septembre 1789). . . . . 1 »

EN PRÉPARATION :

MADAME CŒURIOT, mœurs parisiennes, 1 vol. . . 3 50
VIDANGES, polémiques et portraits, 1 vol. . . . 3 50

PAUL ALEXIS

LE BESOIN D'AIMER

LE COLLAGE
LES VIERGES — LES FILLES
LES AMANTS — LES COCUS — LES MÈRES
LE RETOUR DE JACQUES CLOUARD

PARIS

G. CHARPENTIER ET Cie, ÉDITEURS

13, RUE DE GRENELLE, 13

1885

Tous droits réservés

A EDMOND DE GONCOURT

A la bravoure littéraire, qui n'a jamais reculé devant la vérité. A l'honnêteté supérieure, dont les œuvres sont exemptes des sensibleries, introduites par un bas calcul de faire passer les audaces. A l'exemple le plus haut du dédain de la foule et des compromis de la morale bourgeoise.

LE COLLAGE

LE COLLAGE

I

Deux heures du matin.

Je sors de chez les Germondy, un ménage des Batignolles, où, en ma qualité de célibataire, je vais m'inviter à dîner, quand ça me prend. Eh bien, c'est absolument comme les autres lundis. Je ne sais pas ce que j'ai! Je me sens *tout chose*. Au lieu de me coucher tranquillement, pour être demain de bonne heure à mes affaires, si je m'écoutais, je crois que je ressortirais, pour faire je ne sais quoi, des bêtises.

Ce n'est certainement pas la nourriture, ni les vins fins. Germondy, un ami très sûr et qui ne ferait aucune cérémonie à cause de moi, ne jouit pas d'un bon estomac. Après avoir longtemps abusé de la table, aujourd'hui, par ordre du médecin, il est obligé d'enrayer. Plus d'huîtres ni de truffes ! Plus de mets exotiques, aux saveurs perverses, relevés par des épices incendiaires ! Mais la soupe et le bœuf, un plat maigre, un rôti substantiel, arrosé d'un bordeaux de propriétaire. On ne prend pas de café le soir, dans cette maison. Seulement une tasse de thé léger, avec de la crème et des petits fours, vers les onze heures.

Ce n'est pas non plus l'impression des charmes de madame Germondy. Outre que le mari est pour moi une sorte de frère aîné, auquel, pour rien au monde, je ne voudrais causer du désagrément, je considère cette femme comme la plus foncièrement honnête, la plus inattaquable de toutes les mères de famille. Même autrefois, lorsqu'elle était toute jeune et gaie, du vivant de ses deux amours de babys, je ne m'y serais pas frotté. Encore moins aujourd'hui ! Aujourd'hui que, dans le vide de la maison sans enfants, madame Germondy, à jamais triste, commence à avoir quelques cheveux blancs. Elle ne songe même pas à les teindre.

Alors qu'est-ce donc ? Je ne me sens plus dans ma sérénité ordinaire. Pourquoi ?

Un autre lundi.

Ce soir, il y a eu un extra : de la langouste ! Cet imprudent de Germondy en a repris trois fois. Puis, pour que la débauche fût complète, au sortir de table, on a tapé sur la chartreuse verte. Mon gourmand a été jusqu'à minuit d'une humeur charmante. Il s'est intéressé à moi, à ma santé, à mes affaires, à mes plaisirs. Et il a lutiné un peu sa femme : « ma pichette » par ci, « ma louloute » par là ! Ne se gênant pas devant un intime, il a même embrassé madame Germondy sur une paupière, et au bout du nez, et sous la nuque. Tout cela, d'ailleurs, innocemment, sans la moindre intention, je ne dirai pas égrillarde, mais même réellement conjugale. Si bien que moi, pendant ces ébats, tout en ayant l'air de parcourir le journal, je me disais : « Toi ! quand je te regarde manger de la langouste, tu y prends visiblement tant de plaisir, que tu me donnes aussitôt envie d'en manger. Mais, quand je te vois caresser ta femme ainsi, en camarade, tu ne me donnes aucune envie de me marier. » Alors, si je ne songe pas au mariage, pourquoi suis-je encore revenu tout bouleversé de la rue des Moines ?

A minuit et demi, lorsque j'ai eu pris congé de madame, lui, Germondy, en robe de chambre et en pantoufles, est venu m'éclairer. Dans l'antichambre, pendant que je mettais mon pardessus, il m'a recommandé de bien me couvrir. « Va ! il ne fait pas chaud ! Brrr ! » Et il a eu comme un frisson, sans doute à la pensée de la température qu'il lui faudrait endurer, s'il avait à partir à ma place. Dans l'escalier, pendant que je descendais les premières marches, lui, accoudé sur la rampe, son bougeoir à la main, m'a raconté à demi-voix, je ne sais plus quoi, quelque chose de drôle assurément, puisque, une fois en bas, tout en demandant le cordon, je l'entendais encore rire. Puis, je me suis trouvé dans la rue, seul.

En remontant l'avenue de Clichy, j'ai marché comme une tortue. Sur le même trottoir, un couple, tout sombre, venait au-devant de moi, à pas comptés. Ce n'étaient que deux gardiens de la paix. Puis, sans que je lui fisse signe, un cocher arrêta son fiacre. « V'là, bourgeois ! » Puis, à l'angle d'une rue, une main de femme, brusquement posée sur mon bras, m'a fait tressauter. Une femme d'au moins cinquante ans, en bonnet noir !

Place Moncey, pourquoi ai-je fait trois ou quatre fois le tour de la statue, lentement ? Dans ma rue, devant ma porte, pourquoi ai-je attendu un grand moment avant de sonner ? La main sur le bouton, je ne me décidais plus. « Qui sait ? Si je passais encore une heure à vaguer ? Quelle rencontre ferais-je ? Il suffit parfois d'une de ces déterminations indifférentes pour que toute une existence soit bouleversée. Malheureusement, il ne m'arriverait rien. Je me trouverais un peu plus désorienté au bout d'une heure. Rentrons. Mais, toujours pas avant que cette voiture tardive, que j'entends venir, ait passé... »

Et la voiture passa devant mon nez, au grand galop, bondée d'habituées du skating de la rue Blanche. Elles braillaient toutes à la fois comme une cargaison de folles, et elles avaient un monsieur. Alors, je sonnai. Comme mon concierge devait dormir profondément ! Je sonnai encore. Rien. Au bout d'un grand moment, presque heureux de ce hasard, j'allais m'éloigner sans bruit : on tira tout à coup le cordon.

Mes cinq étages gravis, ma porte ouverte, j'ai frotté une allumette, et, avant même de chercher mon bougeoir, j'ai regardé s'il n'y aurait pas de lettre glissée sous la porte. Je n'en attendais pas d'ailleurs ; mais, une lettre, c'est encore une émotion : un peu d'inconnu que l'on flaire à travers l'enveloppe et que l'on soupèse un moment entre les doigts, avant d'oser faire sauter le cachet. Eh bien, non ! pas même une lettre ! Et je me suis définitivement trouvé face à face avec moi-même, seul.

Voilà mon mal. Je le connais maintenant : la

solitude. Germondy, lui, à cette heure, est couché bien chaudement à côté de son camarade féminin ; moi, je n'ai pas de camarade. Et cette pièce, où il y a eu du feu tout le jour, me semble glacée. Mon appartement de garçon, quoique gentiment meublé, me paraît vide. J'ai le frisson, rien qu'à l'idée de me retirer tout à l'heure dans la chambre. Tombant de fatigue et de sommeil, je préfère griffonner je ne sais quoi sur ce papier, plutôt que d'aller me mettre au lit.

« Faire une fin », pourtant ! Me marier ! Examinons froidement la question, comme s'il s'agissait d'autrui. D'abord, j'ai trente et quelques années. Plus la fleur, mais la force de l'âge encore ! Et le coffre est bon ! Mais j'ai souvent mené une vie de bâton de chaise. Enfin, tout bien pesé, il est tard, mais il serait peut-être encore temps. Donc, il faudrait se hâter. Or, en pareille matière, « se hâter », c'est s'exposer à faire une boulette, malgré le rétablissement du divorce.

Maintenant, je n'ai pas de fortune. Je gagne ma vie dans mon métier, mais tout juste. Avec femme et enfants, même rien qu'avec le surcroît de dépenses amené par la femme, je ne joindrais certainement pas les deux bouts. Donc, il me faudrait épouser une dot. Eh bien, je ne sais comment les autres sont bâtis, mais cette nécessité de soupeser d'avance les écus d'une jeune fille à introduire dans son lit, me répugne, à moi. Si l'argent que peut apporter la demoiselle entre d'abord en considération, soyez logiques : ni sa beauté, ni son intelligence, ni son cœur, ni sa raison, ni sa santé, ne comptent plus. Alors, logiques jusqu'au bout, si vous aimez l'argent, épousez tout de suite quelque vieux laideron plusieurs fois millionnaire. Pour moi, homme sans fortune et très ordinaire, n'étant ni un héros pour m'empêtrer d'une femme sans le sou, ni un Alphonse pour épouser une dot, mon affaire est nette : je mourrai garçon. C'est-à-dire : seul.

Seul ? ce n'est qu'une manière de parler. La vérité vraie, c'est qu'en trente-quatre ans de célibat, sur lesquels vingt au moins de célibat... actif, — on est précoce ou on ne l'est pas ! — j'ai connu intimement une formidable collection de femmes : des femmes de toutes les couleurs, des brunes, des blondes, même des rousses, sans compter deux ou trois quarteronnes et une négresse. J'en ai eu de superbes, de passables et d'affreuses. Des grasses et des maigres, des mûres et de très jeunes, des dévergondées et des honnêtes, des huppées et de petits torchons. Enfin un vrai tas, plusieurs centaines au moins. Je ne les ai pas comptées, malheureusement. Mais, si elles se trouvaient toutes échelonnées dans l'escalier de cette maison, du rez-de-chaussée à mon cinquième étage, il y en aurait une jolie grappe sur chaque marche.

Et cela me fait penser que c'est demain, le soir de Célina. Allons dormir.

II

25 novembre.

Célina n'est pas mon idéal.

Une ou deux fois par semaine, quand je passe la nuit avec elle, il m'arrive de m'ennuyer à vingt-cinq francs par tête. La chair une fois satisfaite, je me sens beaucoup plus *seul* en sa compagnie, que lorsque je me trouve uniquement en face de moi-même.

C'est « une rouge ». Elle a le tort grave d'avoir les cheveux couleur acajou, tandis que moi je n'aime que les brunes. Je tolère à peine la blonde aux yeux bleus, à la chevelure dorée, ou cendrée, ou nuance beurre fin. Elle n'est pas belle, de profil surtout, avec son nez court aux narines échancrées. Encore si c'était une de ces laideurs originales, piquantes, auxquelles l'on s'habitue parce qu'elles ont du caractère ? Hélas non ! Célina est laide avec banalité. Les yeux n'ont aucune expression. Son front, étroit, irrégulièrement bombé, révèle l'entêtement borné. D'ailleurs, c'est une paysanne lorraine, née dans un triste hameau, aux environs de Nancy. Venue à Paris vers l'âge de dix-huit ans, elle en aurait aujourd'hui vingt-trois. Et, pendant ces cinq ans de vie parisienne, non seulement l'influence de la grande ville a été nulle sur elle, mais la malheureuse a toujours végété dans un rayon de cent mètres, autour de cette gare de l'Est par où elle était débarquée.

Par exemple, ce qu'elle raconte avec complaisance, c'est la façon dont, partie vierge de chez ses parents, absolument vierge, et ayant pris d'abord le compartiment des « dames seules », elle changea de wagon à Toul, sur l'invitation d'un monsieur, qui lui souriait par une portière ; puis, un peu après Bar-le-Duc, des importuns étant descendus, elle fut soudain initiée aux joies de l'amour, en train omnibus, sur la banquette dure des troisièmes.

Alors, depuis deux ou trois mois, pourquoi vais-je régulièrement avec une femme pareille ? Oh ! mon Dieu ! ce n'est pas compliqué : Célina ne me coûte rien.

Les soirs où ça me dit, je me rends, vers minuit, dans certaine brasserie, tout près de la gare de l'Est. Huit fois sur dix, je trouve Célina seule. En tout cas, cela, me fait une promenade.

Si elle est seule, Célina vient d'elle-même s'asseoir à ma table, et je lui offre à souper. Son souper consiste invariablement en une choucroute garnie, arrosée de deux ou trois bocks. Avec ma consommation et l'étrenne au garçon, ça ne monte pas à cinquante sous. Quelquefois, je règle en plus sa dépense de la veille.

Chez elle, j'ai déjà mes petites habitudes. Elle habite une maison neuve, dont la porte, toute luisante, se referme avec un bruit doux. Peu de marches à monter. La chambre, au premier au-dessus de l'entresol, grande et confortablement meublée, n'est pas une chambre d'hôtel : Célina loge en appartement, ainsi que deux autres dames, chez une veuve, propre et d'aspect honnête. Le lit, spacieux, est excellent, autrement moelleux que le mien. Vautré, disparaissant jusqu'aux yeux comme dans de la plume, et affublé d'une chemise de femme que Célina me prête obligeamment pour la nuit, je dors en bienheureux. Mon cœur pleure au fond de moi ses illusions, mais je fais la grasse matinée. Un peu avant midi, la veuve vient elle-même nous allumer le feu et prendre mes ordres pour le déjeuner. Deux déjeuners, servis à part, à trois francs par tête, café compris, ce n'est pas une affaire. J'y vais donc de mes six francs, quelques sous en plus pour la bonne. La veuve et Célina paraissent contentes. Et je sors avec le chatouillement d'être aimé pour moi-même.

Une semaine après.

Très grave ! Crise financière, à l'état aigu, vient d'éclater entre Célina et la veuve. La malheureuse Lorraine, à qui sa propriétaire réclame dix-neuf cent-soixante sept francs soixante-quinze centimes d'arriéré, s'est réfugiée dans mon domicile, depuis trois jours consécutifs, avec du linge. Moi, très perplexe : apitoyé d'une part, tremblant de l'autre pour mon indépendance et ma tranquillité. Enfin tout cela est excessivement grave. Pourvu au moins, que la veuve ne lui retienne pas le restant de ses affaires !

10 décembre.

La chose est faite. Maintenant, Célina et moi, nous sommes ensemble.

La chose vient d'arriver à la suite d'une descente que Célina a risquée héroïquement chez la veuve, afin de repêcher au moins ses lettres et des photographies. Elle est revenue en larmes, suffoquée de douleur, la respiration lui manquant ; elle tremblait comme la feuille. La veuve s'était jetée sur elle, prête à la griffer et à la mordre, la traitant de voleuse, menaçant de la faire battre par sa bonne et par les autres pensionnaires. Alors, moi, pour consoler Célina, je l'ai prise dans mes bras et l'ai tenue longtemps contre ma poitrine.

— Infortunée Célina? lui ai-je crié dans un élan de pitié lyrique, tu es ici chez toi désormais !... Sèche tes larmes ! Te voilà dans un port, à l'abri des tourmentes du sort et du ballottage des hommes... Ma petite femme, je te remplacerai peu à peu les frusques que t'a gardées cette mégère.

Et, séance tenante, je l'ai conduite dans un magasin de nouveautés, pour lui acheter une confection, de soixante-deux francs. Au retour dans un bazar, nous nous sommes montés en vaisselle.

III

Trois jours après.

Notre « lune de miel » ne sera pas longue.

Dès le premier jour, en se réveillant chez moi, « chez nous », Célina semble effarée comme une bête nouvellement en cage.

— Onze heures ! ma Célina, il faudrait déjeuner !... Entends-tu ? « le Chaudron », ma femme de ménage est depuis longtemps arrivée...

Célina ne me répond que par un grognement et se retourne contre le mur. Chez la veuve, à la fin,

Célina, en pensionnaire qui s'enfonce, ne déjeunait plus. Timidement, elle ne se levait plus que pour le dîner, à des six heures du soir. La choucroute qu'elle tâchait de se faire offrir vers minuit à la brasserie, remplaçait le repas du matin.

— Voyons, il est midi, Célina !

Le Chaudron, pendant ce temps, s'impatiente. En donnant des coups de balai dans la cloison, elle crie :

— Monsieur, votre charbon brûle... Moi, je n'ai plus rien à faire !... Si vous ne vous levez pas, je file.

Enfin, j'ai réussi à amener Célina dans la salle à manger, devant le Chaudron. Ma petite femme, frileuse et à moitié nue, affublée d'un vieux pardessus d'été à moi, en guise de robe de chambre, se met presque dans la cheminée. Elle touche à peine à son beefsteack aux pommes. Le Chaudron l'impressionne : un vrai barbon celle-ci, quinquagénaire, moustachue, sale de peau et de vêtements, la lèvre inférieure pendante. Moi, pour éviter des froissements, je fais l'aimable entre les deux, et, profitant de ce que le Chaudron est également Lorraine, je les présente l'une à l'autre : « Vous êtes compatriotes ! » Célina, mal éveillée, reste froide, mais le Chaudron se montre familier et bienveillant.

Le lendemain pourtant, en retrouvant Célina dans mon lit, la mégère fait la moue, sa lèvre inférieure pend davantage. Le troisième jour, s'apercevant que Célina a un peu nettoyé la cuisine, le Chaudron change encore de tactique. En nous servant à déjeuner, elle m'accable de prévenances gênantes. Par exemple, lorsqu'elle apporte les côtelettes, elle me souffle à l'oreille : « Tenez, monsieur, prenez donc celle-ci. L'autre est bien assez bonne pour elle ! » Puis, à un moment où Célina se lève afin d'aller chercher son mouchoir, le Chaudron saute presque sur moi, toute vibrante, pour me dire dans le cou :

— Est-ce qu'elle ne va pas bientôt *nous* lâcher?.. *Nous* n'avons pas besoin d'elle ici!...

Ce « nous » me dégoûte, comme un contact imprévu de sa lèvre pendante, comme la menace de quelque accouplement monstrueux. En même temps, dix-huit mois de service à coups de poing se dressent dans ma pensée. Je revois tout : la poussière laissée sur les meubles, et la crasse agglomérée dans les coins, et les toiles d'araignée oubliées au plafond. Danse du panier déguisée, objets cassés ou disparus, vols probables, demandes d'augmentation, insolences tolérées par lassitude, familiarités acceptées par bonhomie, tout me remonte à la fois.

— A la porte, Chaudron ! je vous chasse !

Et, lui jetant dans l'escalier ce qui lui est dû sur son mois, je referme, soulagé. Puis, je reviens embrasser ma petite femme, qui me tiendra bien propre, elle, qui ne me donnera pas des soins mercenaires. Hélas! ma petite femme me reçoit mal. J'attrape un coup de coude dans l'estomac.

Elle tremble et pleure de rage. Elle en veut « à cette sale garce ». Si elle la tenait! Mais, en attendant, mon estomac me fait mal. Et puis, c'est qu'elle est affreuse ainsi. Un masque dur lui déforme les traits. Célina me fait peur. Je sens qu'il s'en faut d'un rien pour que sa fureur ne se tourne contre moi.

Même soir.

Parbleu! il a fallu que ça crève! Non seulement elle est violente, mais je viens de me convaincre qu'elle est bête, bête à couper au couteau.

Nous dînons. Elle a mis le pot-au-feu, un pot-au-feu exquis par exemple, comme le Chaudron ne m'en faisait pas. Je viens de reprendre pour la troisième fois du bouillon. Soudain, heureux de me sentir là, devant un bon feu, pas seul, en robe de chambre et en pantoufles, le ventre à table, j'éprouve le besoin de faire une fumisterie et je me mets à lui dire, la bouche pleine : « Tiens, j'ai assez de toi... Tu me fais de la mauvaise cuisine : je te déteste! » en m'efforçant de faire passer dans ma voix toute la tendresse caressante d'un jeune premier, entendu l'autre jour à l'Ambigu. Possible que je réussisse mal les imitations d'acteur : soit! mais la malheureuse ne se doute même pas que je plaisante. Voilà qu'elle se lève comme une furie, casse volontairement une assiette.

Abasourdi, vexé, riant malgré moi d'un rire nerveux, je me lève aussi et vais droit sur elle, oh! pour l'embrasser. Elle me repousse brutalement. Je reviens sur elle, les bras grands ouverts. « Pardonne-moi, mon pauvre bébé. Tu ne m'as pas compris, c'était une simple plaisanterie. » Vlan! je reçois une gifle.

C'est trop fort, cette fois! La joue me brûle. Sa gifle, je vais probablement la lui rendre. Je me retourne, mais, plus de Célina! Dans la chambre, où elle s'est sauvée, que fait-elle donc, accroupie devant la commode? Parbleu! elle sort ses affaires, du tiroir que je lui ai donné; elle fait déjà son paquet pour partir.

Partir? Et où irait-elle à cette heure, sans argent, lorsque moi-même, ruiné par nos achats d'installation, je n'en ai plus? Ce n'était pas la peine alors de la protéger contre la veuve, de la recueillir chez moi, d'acheter de la vaisselle et une confection de soixante-deux francs. Je regrette déjà amèrement de m'être jeté dans cette aventure; je ne puis me résoudre, non plus, à un dénouement brusque et bête. Aussi, le cœur gros, ne ricanant plus, étouffant un sanglot, je m'élance sur elle. Elle a beau se débattre : je l'enlève comme une plume, je la porte jusque sur le lit. Là, elle se débat toujours et m'égratigne la main.

Mais je la tiens bien, et je l'embrasse quand même, furieusement, et je me mets enfin à pleurer, sur elle, davantage encore sur moi. Mes larmes parviennent seules à la calmer. Pleurnichant un peu à son tour, elle m'embrasse longuement.

Enfin, après être allés nous laver les yeux avec de l'eau fraîche, nous nous remettons à dîner.

IV

En mars.

Trois mois. Voici déjà trois mois que je me suis mis avec une femme. Eh bien, pendant tout ce temps, j'ai vécu malheureux. Notre existence à deux est devenue un enfer.

Cette pauvre Célina a le caractère inégal, ombrageux et difficile. Quand, par extraordinaire, elle semble de bonne humeur, ce n'est pas tenable ! Ses gaietés de grosse poule turbulente m'étourdissent, me portent sur les nerfs. De mauvaise humeur, au contraire, elle casse tout. Pas de semaine où nous ne soyons obligés de renouveler une partie de la vaisselle.

Le peu d'argent que nous avons s'en va chez le marchand de porcelaines. Dans les simples mouvements d'impatience, les verres et les assiettes sont brisés en mille morceaux. Ses colères sérieuses s'attaquent à des pièces plus importantes, aux plats, compotiers, carafes, chandeliers, cuvette et pot à eau. Enfin, quand elle entre en fureur, les gros meubles eux-mêmes souffrent : la table se renverse, le lit est écorné, les chaises volent en l'air, les rideaux se déchirent. Je tremble alors pour les tableaux, pour la pendule et pour les glaces. Même, cette stupide et ruineuse manie de passer sa rage sur les choses inanimées, commence à me gagner. Moi, le plus débonnaire des hommes jusqu'ici, et qui ai toujours eu beaucoup de soin de mes affaires, l'autre soir, au moment où Célina venait de me verser du thé dans une tasse de mon service japonais, je ne sais ce qui m'a pris ! Poussé à bout, à la suite de quelque idiote querelle d'Allemand, j'ai tout jeté dans le feu : thé, tasse et théière.

Quoi d'étonnant, d'ailleurs, que nous soyons perpétuellement en bisbille ! Nous ne venons de la même province, ni n'appartenons à la même condition sociale; de race, de tempérament, d'éducation, nous différons ; nous n'avons ni les mêmes idées, ni les mêmes habitudes, ni les mêmes goûts.

Nous ne nous entendons d'abord pas en cuisine. J'aime le rôti cuit à point, lorsqu'il commence à rendre le sang ; madame avale la viande crue. J'adore le laitage, les œufs, la volaille, la pâtisserie et les beaux fruits bien mûrs ; je me tiens autant que possible dans une gamme d'alimentation douce. Madame, elle, se ruine l'estomac avec de la moutarde, et du vinaigre, raffole de crudités, ne vivrait que de radis, de cornichons et de salades. Et il en est de tout comme de la cuisine.

Elle ne se coiffe ni ne s'habille comme je le voudrais. A tort ou à raison, je prétends avoir des goûts distingués ; elle, malgré le milieu où je l'ai ramassée, m'apparaît une bourgeoise, une atroce bourgeoise. Bouffie de vanité, féroce d'amour-propre, entêtée comme une mule, elle ne songe qu'à « paraître chic » ; mais, ce qui lui semble « chic » me déconcerte et me révolte. Susceptible à l'excès avec cela, dénuée d'indulgence, tranchant sur tout, portée à supposer des absurdités chez autrui, me suspectant aussi bien moi, que mes intimes, que le cercle entier de mes relations, jalousant les femmes. Enfin, elle manque de culture intellectuelle, sait à peine lire et écrire. Orthographe : pitoyable ! Histoire, géographie : néant ! En arithmétique, elle a entendu parler des quatre règles, mais avoue les avoir oubliées. Telle est Célina. Je commence à la connaître. Eh bien, qui le croirait? elle et moi, l'autre matin, en prenant notre café, la cigarette aux lèvres, nous avons eu une discussion politique.

Oui,! une longue et acharnée discussion, médico-moralo-socialo-politique, et à l'occasion de Louise Michel encore, dont le nom se trouvait dans un journal que je lisais à Célina. Moi, qui ne vote jamais, par indifférence, et qui vendrais mes droits politiques pour une boîte de cigares bien secs! Célina a fini par me mettre en colère. Nous nous sommes sottement égosillés pendant une heure. A la fin, elle m'a cassé un sucrier.

10 avril.

Du matin au soir, et du soir au matin, avoir cette femme à son côté! Au moins, si j'exerçais une de ces professions qui obligent à passer la journée loin de chez soi. Hélas! sans cesse à la maison, cloué devant ma table de travail, obligé, par la nature de mes occupations, de m'absorber pendant des heures en oubliant le monde extérieur, j'ai Célina derrière moi. Au moment où je crois entrevoir la solution des problèmes les plus complexes et les plus délicats, elle m'adresse la parole. Que je m'enferme dans mon cabinet, elle viendra gratter à la porte. Même, si j'obtiens qu'elle se dispense de frapper, elle se livrera dans la pièce voisine à quelque occupation bruyante, fera rouler les fauteuils, trembler le parquet, battre les portes ou se mettra à chanter pendant des heures. On dirait qu'elle tient à ne point se laisser oublier.

J'ai vieilli de dix ans. Je finirai par tomber malade. Suis-je pris d'un besoin de solitude, d'une envie de ne plus sentir cette femme sur mon dos, il me faut motiver mes sorties. Une fois dehors, seul enfin, libre, après quelques bouffées d'air suave, voici que la perspective de rentrer empoisonne mon plaisir. De quel front dur va-t-elle m'accueillir au retour ? Un regard soupçonneux me fouillera des pieds à la tête, m'interrogera tacitement : « *Il est peut-être allé voir des femmes ?* »

Je lui suis au contraire trop fidèle. Si une occasion se présentait, j'aurais joliment tort de me gêner. D'ailleurs, à cause d'elle, je suis devenu peu difficile en femmes. Des laiderons crottés que, jadis, je n'eusse pas même regardés, me semblent désirables. Tandis qu'à côté de Célina, les sens restent émoussés par l'habitude, l'appétit sexuel n'est plus. Quand je la prends encore dans mes bras, j'ai beau l'étreindre désespérément; le souvenir de ce qu'elle m'a fait souffrir me paralyse. Une froideur involontaire, sans être de l'impuissance effective, a, d'elle à moi, supprimé le plaisir. Et je m'endors enfin, à l'étroit dans notre lit, mal à l'aise. Déplorable coucheuse, Célina se tient en chien de fusil. Je me réveille les épaules découvertes, glacées, mais les reins en sueur, tout endolori par le poids de son corps.

V

11 avril.

Que peut bien être devenu « le Chaudron ? » Je ne l'ai jamais rencontrée.

Ce n'était pas une perfection, loin de là. Elle m'achetait des côtelettes de brebis. Lui adressais-je quelque observation, sa lèvre inférieure pendait, pendait. Mais, pas mauvaise femme en somme, elle me faisait rire, en me racontant un tas d'histoires sur ses autres patrons.

VI

22 avril.

Dimanche dernier, vers minuit et demi, nous rentrions par la rue Chaptal, Célina et moi.

Depuis l'église Notre-Dame-de-Lorette, Célina m'a lâché le bras. Elle me boude. Voici deux jours qu'elle ne fait que ça, bouder. D'ailleurs, il y a des circonstances atténuantes : ses yeux sont significativement cernés.

Soudain, en passant contre une maison en reconstruction, à travers les planches de la palissade, nous entendons un miaulement faible. Moi, je n'y prends garde, mais Célina s'arrête. Célina aime au moins les animaux. Un tout petit chat, quelque orphelin abandonné, errait parmi les pierres de taille du chantier, la queue en l'air, au clair de de lune.

Célina, toute remuée, passe son bras entre les planches.

— Mon minet, mon mignon chéri !

Le minet se laisse saisir. Célina saute de joie.

— Le voilà, mon amour d'amour !... Tout noir,

avec des taches blanches ! Vois, comme il est mignon et doux... Il me prend peut-être pour sa mère...

Et de lui embrasser le museau, les oreilles, les pattes ; puis de me dire, sur un ton de supplication caressante :

— Si tu voulais ?... Laisse-moi l'emporter...

Parbleu, je veux toujours, moi, lorsqu'on me demande une chose ainsi ! Surpris et charmé, j'embrasse même Célina en pleine rue.

— Embrasse-le aussi, lui !

Une fois chez nous, après lui avoir donné à manger et à boire, Célina frotte de beurre ses pattes. Le petit chat se lèche avec ardeur. Je ris.

— Tu ne sais pas ? me dit gravement Célina, c'est pour qu'il ne s'en aille plus ?... Ça se pratiquait chez mes parents, à la ferme... Va ! maintenant, on pourrait tenir la porte grande ouverte...

Depuis que « Momiche » est installé chez nous, Célina ne me casse plus la vaisselle. Occupée de son chat du matin au soir, le cajolant, lui parlant comme à une personne, elle me laisse travailler.

Momiche n'est pas propre, et fait un peu partout, excepté dans le plat rempli de cendres qu'on a installé pour lui à la cuisine. Tout l'appartement « sent le chat. » Je recommande à Célina de corriger ce sans-gêne ; elle a l'air de m'écouter, mais se contente de nettoyer les ordures, en grondant le coupable, pour la forme. Elle ne veut pas en venir aux voies de fait, et me défend à moi-même d'agir.

Momiche s'est-il assis sur le bas de sa robe, elle ne se lèvera pas, de peur de déranger Momiche. Le gredin comprend qu'elle est indulgente et faible, compte là-dessus, devient un vrai tyran : j'aime mieux ça !

La nuit, Momiche, frileux, ne veut absolument pas coucher sur le lit, à nos pieds ; il ne se tient tranquille que lorsqu'on l'a laissé se blottir sous les draps, entre nous deux. Moi, je ne trouve pas cela bien propre. « Célina, il a des puces ! » Mais Célina me ferme la bouche avec un baiser. Puis au lieu de s'endormir comme autrefois, en chien de fusil, elle s'allonge au fond, le long du mur.

Enfin, depuis que nous sommes trois, Célina a beaucoup gagné. Le boulet que je me suis mis au pied est moins lourd. Elle a une occupation, « un enfant. » On dirait qu'en ayant mis du beurre aux pattes du jeune animal, il lui en est resté quelque chose, une douceur dans le caractère.

VII

Le surlendemain.

Bonsoir, notre chat ! Pendant que la blanchisseuse comptait le linge avec Célina, Momiche aura trouvé la porte entrebâillée. Malgré les bons traitements, l'ingrat s'est sauvé. Malgré le beurre !

— Eh bien, il est joli ton moyen ! ai-je l'imprudence de dire à Célina. Vous saviez vous y prendre, à la ferme !... Maintenant, peut-être que le beurre de Paris ne vaut pas celui de chez vous ?

Je suis bête de faire de l'esprit ; Célina n'a pas l'air en train de rire. Elle me jette à la figure le livre du blanchissage, et part en courant, nue tête, à la recherche de son chat.

— Momiche !... Momiche !... clame-t-elle avec désespoir en dégringolant nos cinq étages.

Ses « Momiche » s'enfoncent dans la profondeur de la maison, puis, ne m'arrivent plus. Et me voilà en tête-à-tête avec la blanchisseuse, une gamine qui ne paraît pas quinze ans, au visage de papier mâché, aux yeux meurtris. Tout en roulant le linge sale dans un de mes draps, accroupie, elle me regarde en dessous.

— C'est, je crois, la première fois que vous venez?

— Oui, m'sieu : je suis nouvelle chez ma patronne.

— Ouvrière? apprentie?

— Oh! ouvrière, m'sieu... répond-elle, en se mettant debout, mais sans cesser de me tourner le dos.

Et elle ajoute qu'elle a seize ans et demi, bientôt dix-sept; on ne le dirait pas. Mal retenue par quatre épingles dorées, sa résille blonde laisse échapper des cheveux cendrés, peu épais, une simple « queue de rat. » Je lui demande son nom.

— Flore, m'sieu.

J'ai envie de la faire parler encore; mais que lui demander? Pendant qu'elle introduit dans le panier son paquet de linge, le tortillement de son échine de chèvre, maigre et souple, me préoccupe. Puis, il ne me reste qu'à la payer. Je regarde le livre; c'est sept francs vingt-cinq. Je mets huit francs dans sa petite main brûlante, que je garde un moment dans la mienne.

— Les quinze sous sont pour vous!...

Flore, sans me dire merci, me regarde une seconde en face, allumée. Puis, détournant aussitôt la tête, elle ne s'en va pas. Son panier à terre, une main sur la porte ouverte, elle reste là, très près de moi, tendant le cou, considérant avec attention une eau-forte pendue au mur. Que peut-elle y comprendre, aux *Petits cavaliers* de Velasquez, par Manet? Que semble-t-elle attendre? Tout à coup, sans me dire au revoir, elle détale, ayant reconnu avant moi le pas de Célina dans l'escalier.

Sans bruit, j'ai refermé derrière Flore. Un violent coup de poing ébranle la porte. J'ouvre. Célina rentre, les yeux pleins de larmes. Je comprends que Momiche n'est pas retrouvé. Elle aura en vain battu le quartier. Son désespoir me fait mal. Je voudrais la consoler :

— C'est un malheur, ma pauvre Célina... Que veux-tu? ça arrive tous les jours... Et tu t'es fatiguée? Tu auras voulu courir jusqu'à la rue Chaptal!

Pas un mot de réponse, pas un geste. Comme je connais ma Célina, je m'attends à quelque chose de terrible. Ses plus violents emportements commencent ainsi, par la surdité volontaire, par le mutisme. Mais je ne résiste pas à l'envie de l'embrasser; je m'avance, d'ailleurs avec précaution. Alors, elle éclate :

— Lâche! voyou! salaud!

Cloué sur place, je lui dis sur un ton de doux reproche :

— Qu'est-ce qu'il te prend, ma pauvre chérie?... Nous avons donc un gros chagrin...

— Pignouf!

Et, sans que je ne m'y attende, car elle n'a jamais fait cela, Célina me lance un coup de pied. Son pied a beau n'être chaussé que de pantoufles : il m'atteint à un endroit extrêmement sensible et me fait un mal atroce.

Je suis tout pâle. Je me traîne jusqu'à la toilette, où, tout en me bassinant l'endroit, avec de l'eau fraîche, afin d'éviter quelque suite fâcheuse, je m'aperçois que je cherche encore le motif de la fureur de Célina. A-t-elle entendu quelque chose en remontant l'escalier ? Flore lui aurait-elle parlé des quinze sous ? Je ne suis rassuré qu'à la fin, lorsque Célina vient me retrouver et m'accable de nouvelles injures. Affolée par la disparition de son chat, la sotte s'imagine que je l'ai fait s'évader, et ne veut pas admettre un instant que Momiche ait pu prendre tout seul la poudre d'escampette.

VIII

2 septembre.

Encore quatre mois d'écoulés. La vie d'enfer continue.

Nos deux existences cheminent côte à côte, avec des heurts imprévus, des froissements éternels. Entre les crises, reviennent des périodes d'accalmie, dues à une double fatigue réciproque. Nous ressemblons alors à deux malades, qui, au milieu de souffrances plus sourdes, gardent l'angoisse des tortures prochaines. Jamais d'éclaircie définitive. Rarement un de ces rayons de soleil fugitifs, comme celui qui s'était insinué chez nous à la suite de Momiche. Chaque fois, d'ailleurs, ces moments de répit sont payés cher; Célina se montre ensuite plus tyrannique et plus irritable, comme si elle avait à rattraper le temps perdu.

Je reconnais que j'ai mes torts. Souvent, malgré moi, parfois sciemment, pour ne pas me contraindre ou pour me livrer sur elle à quelque expérience, je la consterne et je la blesse. Elle me le rend bien. Il faut être juste : malgré les tortures qu'elle m'inflige à son tour, Célina n'est point un monstre. Il faut même lui reconnaître des mérites. D'abord, elle ne ment jamais. Malgré son passé déplorable, j'ai la certitude qu'elle m'est absolument fidèle. Dans l'atmosphère plus saine et plus intelligente où je la fais vivre, elle gagne tous les jours. Oui! c'est une femme comme les autres! Son manque d'éducation première ne peut lui être imputé. Elle a sans doute le caractère ombrageux; chez elle, qui a poussé aux champs parmi les dindons et les vaches, le cœur se présente d'abord enveloppé d'une première écorce rugueuse : mais, sous l'écorce, rien n'est mauvais. En ses moments de santé et de lucidité, elle découvre un fonds d'honnêteté native. Je ne me crois pas un être bien méchant ; pourtant, elle vaut mieux que moi.

Elle m'aime à sa manière.

IX

Jeudi, 4 septembre.

Flore sort d'ici. Tous les jeudis régulièrement, vers une heure, Flore continue de nous apporter le linge. Décidément, cette gamine aux candides yeux battus, cette fleur pauvre de trottoir parisien, exhale un parfum de vice précoce.

Célina étant toujours présente, je ne parle pas à Flore, mais je la regarde à la dérobée. Je cherche à me trouver sur son passage, comme par hasard. Puis, c'est moi qui lui paye les notes de blanchissage, et je m'amuse à lui glisser quelques sous d'étrenne secrète. **La gredine comprend.**

Pas un muscle de son visage pâlot ne bouge. Elle referme tout de suite la main.

X

5 septembre.

Rue de Rivoli, aujourd'hui, pendant une averse, j'ai rencontré Germondy, réfugié comme moi sous les arcades.

Mon premier mouvement est de l'éviter. Lui, m'a reconnu, fend la foule et vient à moi.

— Vous n'êtes donc pas mort !... On ne vous a plus vu, depuis des mois, malheureux ! La rue des Moines vous fait peur ?...

Je balbutie, en invoquant de pauvres prétextes. Ce qui me fait peur, c'est d'entrer dans certaines explications, comme ça, à brûle-pourpoint, et au milieu de la bousculade des passants mouillés. Ah ! si nous étions installés l'un en face de l'autre, commodément, dans un bon café calme, peu fréquenté ! Comme je saisirais l'occasion de me déboutonner une fois pour toutes, de découvrir enfin ma plaie à un excellent garçon que j'aime, plus âgé que moi, plus sérieux peut-être, en tout cas mieux assis dans la vie ! Germondy compatirait sans doute à mes embarras, me donnerait quelque conseil. Je lui offre un madère.

— Oh ! impossible, mon brave... Voyez ! l'averse s'achève...

Il est pressé. A Paris depuis deux jours, pour ses affaires, il repart le soir même, afin d'aller rejoindre sa femme, en villégiature à Cabourg, comme tous les étés. Ici, par politesse, je me vois obligé de lui demander, d'une voix distraite, des nouvelles de sa femme, Oh ! elle va mieux ! L'air de la mer lui est toujours favorable. Puis, il me donne un tas de détails : « Nous ne nous sommes presque pas baignés... La plage est même peu fréquentée... Des vents de l'ouest insupportables... » En attendant, un temps précieux s'écoule. Il ne pleut plus. Un rayon de soleil couchant perce les nuages, prend en enfilade les arcades. Au moment où je vais aborder enfin un sujet, dont, malgré notre intimité, je n'ose parler sans une espèce de honte, Germondy arrête un fiacre vide et monte.

— Où voulez-vous que je vous mette ?... Du côté de la Madeleine ?

L'idée de sentir mon cri de souffrance coupé par les cahots de la voiture, ne me tente pas.

— Merci. Je vais à la Bastille, moi !

Et, nous nous sommes séparés.

Même jour.

En y réfléchissant, malgré les poignées de main et les protestations cordiales, je trouve que Ge[mondy], dans cette rencontre, s'est montré froi[d]. Il ne m'a plus invité, comme les années précédentes, à passer quelques jours dans leur vill[e] au bord de la mer. D'ailleurs, je n'y aurai[s] quand même point mis les pieds. Lorsqu'on vi[t] avec une femme, il est impossible de conserve[r] dans leur intégrité ses anciennes relations. Peu à peu un cercle d'abandon et d'isolement se creus[e] autour de vous. Parents, amis intimes, instinctivement, ou par discrétion, ou par égoïste indifférence, vous tiennent à l'écart.

6 septembre.

Avec ça, mes affaires vont mal. Je ne gagne pas davantage et mes dépenses se trouvent triplées. Je m'endette. Pour avoir acheté coup sur coup deux robes à Célina, je ne me suis pas trouvé en mesure de payer un billet souscrit à mon tailleur. Vers les fins de mois, je n'ai plus la ressource économique de dîner fréquemment en ville : maintenant il faut que la marmite bouille tous les jours. Et Célina, par là-dessus, qui me fait des peurs, en se croyant à chaque instant enceinte. Ce n'est jamais vrai, heureusement. N'importe ! j'ai les charges du mariage, avec quelques autres soucis.

XI

Une nuit.

J'ai voulu veiller, ici, dans mon cabinet. J'ai prétexté une besogne pressante. Après s'être fait énormément prier, elle a fini par se mettre au lit. J'espère qu'elle dort. Il faut pourtant que je me méfie. Elle serait capable d'arriver sur la pointe du pied. Pauvre Célina ! si tu savais ce qui se passe en moi, à quoi je rêve !

L'an dernier, à cette époque, encore mon maître, je me rendais le soir dans une brasserie, près la gare de l'Est. Parfois, à travers la glace ternie de buée, je la trouvais attablée avec des messieurs, rieuse, faisant la folle. Alors, bête que j'étais et n'ayant sur elle aucune intention sérieuse, je n'entrais pas : ça me faisait quelque chose ! Puis, certains soirs, elle était seule à une table, devant un bock à moitié bu, l'air malheureux et délaissé. Ces soirs-là, au contraire, souffrant pour elle de son abandon, devinant des angoisses secrètes, je lui parlais presque contraint et forcé, par charité, et j'eusse préféré la trouver en joyeuse société. Eh bien, aujourd'hui, un an après, aussi peu fixé sur mes véritables sentiments, je me ronge dans l'incertitude.

Je rêve de lâcher Célina, de recouvrer ma liberté, de me morfondre à nouveau dans la mélancolie de la solitude. J'enrage de ne pouvoir me jeter tête baissée dans des sensations nouvelles. Mais je n'ai pas la force de trancher moi-même ce lien qui me fait saigner. Si je n'aime pas assez Célina pour me résigner à passer ma vie avec elle, je l'aime trop pour avoir le courage de la quitter; je voudrais que l'idée d'une rupture lui vînt, à elle la première.

D'ailleurs, je ne m'illusionne point sur mon compte. Je sais ce qui se trouve au fond de mes tergiversations. Parbleu ! s'il n'y avait qu'à poser le doigt sur un bouton électrique, pour que tout fût consommé, je me déciderais immédiatement. Hélas ! la réalité se passe autrement. Il y aurait des secousses, des tiraillements, des cris, des attaques de nerfs. Enfin, un drame : un inconnu de scènes violentes, d'actes forcenés, d'explications douloureuses, toutes choses dont la menace me consterne et me rend faible. Voici déjà longtemps, au milieu d'une de ses colères, je ne sais à propos de quoi, elle me disait : «... Je m'en irai ! Mais je veux qu'il te reste des souvenirs de mon passage. Je briserai, brûlerai, crèverai tout. Je laisserai chez toi un cimetière. »

Elle le ferait ! Ce n'est pas que je sois avare, que je tienne par trop à mes vieilleries. Je me sens prêt à un sacrifice. Je lui abandonnerais mon mobilier, le lit et sa literie, les fauteuils, la pendule et la glace, et la salle à manger, la batterie de cuisine, le linge de maison, tout enfin, à l'exception de mon cabinet. Ici seulement, où j'ai passé les meilleurs moments de ma vie, mes heures les plus dignes, les plus utiles, — les plus anxieuses parfois, mais de cette anxiété du travail, saine et parfois féconde, — ici, je suis tellement accoutumé aux moindres objets, qu'ils me semblent faire tous partie intégrante de moi-même. Je ne parle pas seulement de mes quelques toiles données par des amis, ni de mes livres. Ce serait une mort pour moi si une main osait s'abattre sur ce bureau, se vengeait sur mes travaux commencés, ou détruisait un seul de mes papiers, le plus insignifiant en apparence.

Mon Dieu ! que n'ai-je de l'argent ! L'argent simplifierait tout. Il me deviendrait facile de me garantir contre les éventualités rageuses d'une tempête. Il n'y aurait même pas de tempête. Je lui meublerais quelque autre appartement dont je ferais une bonbonnière, ou je louerais à son intention quelque petite maison aux environs de Paris. Une fois installée là, ayant un chez soi, Célina s'accoutumerait à me voir de loin en loin seulement ; puis, nous nous séparerions un jour, sans secousse, à l'amiable. Peut-être resterais-je son ami ! Au lieu de cela, je redoute des abominations prochaines. Pauvre, j'en arrive à rêver des choses folles, oui ! des moyens de théâtre, des lâchetés et des traîtrises. Un ami, par exemple, qui la séduirait, par dévouement pour moi, afin qu'ensuite je les surprisse tous deux en flagrant délit.

XII

Encore un lundi.

Comme il y a quinze mois, je sors de chez les Germondy, où je recommence à m'inviter à dîner. Mon meilleur ami ne se porte pas mal. Nous avons mangé du bar exquis, très frais, expédié directement de l'Océan, avec des riz de veau au jus et du faisan truffé. Pendant le repas, madame Germondy m'a semblé une femme nouvelle, heureuse de quelque grande joie, rajeunie. Enfin, au salon, lui, m'a donné l'explication : « Une nouvelle, mon brave ! Préparez-vous à être parrain avant six mois. » Et madame Germondy est devenue toute rouge. Autant que j'ai pu, je me suis associé à leur bonheur, en reprenant parfois du kummel russe. Puis, je me suis trouvé dans la rue, seul. En remontant à petits pas l'avenue de Clichy, tout à coup, au milieu de mes réflexions, j'ai tressailli. Un contact désagréable ! Celui de la vieille femme, en bonnet noir, qui vous pose une main sur l'épaule ! Mais j'ai ressenti bien autre chose, en me revoyant ici, dans mon appartement de garçon, vide de Célina. Depuis deux semaines que c'est fini, chaque soir, à l'heure où je rentre, j'éprouve le même serrement de cœur.

Moi qui avais la naïveté de calculer une rupture, de redouter ceci, de vouloir éviter cela ! comme si c'était quelque chose que nos prévisions ! comme si la réalité ne déjouait pas les calculs et les prudences ! Quand l'heure a sonné, notre liaison s'est dissoute d'elle-même, comme une pincée de gomme jetée dans de l'eau froide. Même aucun des accidents contre lesquels je voulais me garer, ne s'est produit. Comme nous nous étions mis ensemble, nous nous sommes trouvés un jour détachés l'un de l'autre : sans savoir.

Le concours préliminaire de certains menus faits avait sans doute préparé la catastrophe. Une absence de quelques jours, que je n'ai pu éviter de faire, aura habitué Célina à ne plus me voir sans cesse. Pendant ces jours-là, des parlottes le soir chez la concierge, une intimité subite avec certaines locataires, d'autres causes encore, ont dû troubler la pauvre Célina. Sa tête aura travaillé. Sans compter qu'une fois, en allant à son marché, elle s'est, je l'ai su, trouvée nez à nez avec la veuve. La veuve redevenue accommodante et doucereuse, je vois ça d'ici, aura longuement parlementé avec elle. Mais tout cela aurait pu se réparer. C'est encore moi le plus coupable. Le seul coupable ! Moi, qui rêvais machiavéliquement de la surprendre en quelque flagrant délit, je me suis stupidement laissé pincer avec Flore.

Oh ! cet avorton de Flore ! Quand j'y pense ! L'autre matin, il y aura quinze jours mercredi, je m'étais levé de très bonne heure, afin de donner un coup de collier pendant le sommeil de Célina. Même, étant allés au théâtre la veille, nous nous étions couchés tard ; connaissant ma Célina, qui aime à faire le tour du cadran, je me voyais trois ou quatre heures de bon travail assuré. Assis à peine à mon bureau, je venais de prendre la plume ; mes soucis et mes chagrins complètement oubliés, j'étais déjà plein d'espoir, me sentant ce matin-là une grande lucidité d'esprit, lorsque, soudain, j'entends qu'on monte l'escalier. On arrive à la porte. Puis, rien ; je crois m'être trompé. Puis, au lieu de sonner, on frappe. On gratte plutôt ; oui, un discret et timide frottement, celui d'un doigt familier. De peur d'un coup de sonnette qui réveillerait Célina, je m'empresse d'ouvrir, croyant voir le porteur d'eau. Non ! c'est Flore !

Elle apporte une serviette oubliée la veille en nous rendant le linge, oubliée peut-être exprès. Posant son panier à terre au milieu de l'antichambre, elle me remet la serviette. Puis elle ne s'en va pas. « Vous êtes bien gentille ! » lui dis-je en souriant. Et je cherche dans mes poches ; le hasard veut que je n'aie pas un sou sur moi. Je me permets alors une familiarité, je veux lui prendre la main. Mais elle recule d'un pas vers la fenêtre, en jetant un regard effrayé sur la porte, restée grande ouverte, par où l'on pourrait, en effet, nous voir de l'escalier. Alors, curieux de savoir si j'ai deviné sa pensée, je ferme doucement cette porte, puis je viens lui reprendre la main. Cette fois, elle ne se dégage pas. Sans rougeur à la joue, sans tremblement involontaire, de l'air le plus naturel, elle reste là, tout contre moi, paraissant s'y trouver bien. Invinciblement attiré, je m'avance encore ; déjà, à travers le mince corsage d'indienne, mouillé de l'égouttement du linge au lavoir, je sens son cœur, son petit cœur, battre régulier comme un tic-tac de montre ; et sa résille blonde, aux quatre épingles dorées, m'arrive au visage, laissant passer de ses cheveux cendrés qui me chatouillent les lèvres. Je commence à perdre la tête ; que doit-il se passer dans la sienne ? Attend-elle quelque chose ? Est-ce une innocente, un instinctif désir qui s'ignore ? ou une lymphatique et molle nature, résignée à subir ? ou, encore, quelque précoce rouée, insensible mais prête à tout ? Ses clairs yeux bleus, cernés d'un grand cercle, ne m'apprennent rien. Le papier gris de l'antichambre, tout uni, sans eau-forte de Manet, semble l'absorber. Puis, tournant le cou du côté de la fenêtre, elle considère le toit ardoisé de la maison d'en face. Moi, réfléchissant aux conséquences, pensant à Célina qui n'est pas loin, je me retire un peu. Pourtant, j'ai peine à me résigner au regret éternel de l'occasion manquée. L'envie est forte, j'effleure sa joue pâle. Voilà, soudain, qu'avec un abandon adorable, sa petite tête se laisse aller, et je la sens, là, toute tiède, peser dans le creux de ma main. Alors, c'est fini ! je ne lutte plus ! je ne pense plus ! j'ignore où je suis et ce que je fais. J'ai pourtant conscience que le frêle corps de Flore est dans mes bras, qu'elle s'abandonne. Puis, une porte franchie, je nous vois tous les deux dans la cuisine, abattus sur la table, mêlés l'un à l'autre, ne faisant qu'un. Et cela dure jusqu'à une sorte de commotion électrique : la porte brusquement ouverte me bat les talons et Célina nous voit.

— Cochons ! Ne vous dérangez pas !...

Elle voulait balbutier autre chose, mais sa voix

étranglait. Une seconde d'angoisse inexprimable. Puis, elle, si emportée d'habitude, si peu maîtresse du premier mouvement, comment a-t-elle fait pour ne pas se jeter sur moi, pour se retirer silencieuse et digne?

Le soir, nous avons encore dîné ensemble comme d'habitude, l'un en face de l'autre, chacun enfoncé dans ses pensées, nous passant le pain et nous versant à boire, mais gardant le silence désolé de ceux qui n'ont plus rien à se dire. Nous mangions pourtant dans notre chambre, sur la petite table que, Célina et moi, nous placions souvent contre la cheminée. Moi, n'ayant pu rien prendre à midi, j'avais fait honneur plusieurs fois à l'excellent pot-au-feu, hélas! le dernier. Puis, un reste de gâteau de riz avalé, le café bu et la nappe enlevée, Célina s'est tiré silencieusement les cartes. Je fumais mon cigare, en la regardant. Pourquoi cette malencontreuse dame de carreau sortait-elle tout le temps, « une blonde! » Flore, n'est-ce pas? Et je cherchais à lire dans le regard de celle qui interrogeait l'avenir, ou le passé. Son front étroit, bombé avec entêtement, restait impénétrable. Un moment, tout en étudiant religieusement ses cartes, distribuées en cinq paquets: « *Pour ma maison. — Pour moi-même, — Ce que j'attends. — Ma surprise. — Ma consolation,* » elle s'est mis à fredonner un air. Même, sa dernière réussite achevée, nous avons fait notre partie d'écarté quotidienne. Cela a produit comme une détente. Un sourire, court, lui est revenu sur les lèvres, et elle s'est oubliée jusqu'à me tutoyer : « Ne tourne pas le roi ! ». « Ne va pas te marquer la vole ! » Alors, j'ai été sur le point de lui demander pardon. Le cœur gonflé, prêt à me mettre à ses genoux, je me levais : un regard qu'elle m'a lancé, m'a cloué sur place. Bien m'en aura pris ! Un couteau de table traînait sur la cheminée, à sa portée.

Nous avons pourtant dormi encore l'un à côté de l'autre, toute la nuit, profondément. Puis, le lendemain, au retour d'une course matinale, d'où je rapportais une bague et un bouquet pour notre réconciliation, je n'ai plus trouvé Célina.

XIII

Trois heures et demie du matin.

J'ai tressailli. Un pas de femme dans l'escalier ! Puis, rien ! un bruit de clefs. Ce n'était que la locataire du quatrième, qui rentre tard.

Le bouquet, vite flétri, n'a duré que la semaine; je l'ai jeté. La bague est ici, blottie dans le coton de la petite boîte; mes yeux se sont mouillés, à la vue du myosotis en turquoises, qui attendra.

J'ai d'abord cru que Célina reviendrait d'elle-même. Puis, ayant su qu'elle était retournée chez la veuve, je me suis fait violence pour ne pas aller la relancer. Puis, comprenant que c'était bien fini, cessant d'espérer, j'ai repris une femme de ménage. Vers dix heures, demain matin, des coups de balai dans la cloison vont me réveiller, et j'entendrai une voix :

— Monsieur, votre charbon brûle... votre côtelette aussi !... Moi, si vous ne vous levez pas, je file !...

Ce sera le Chaudron.

LES VIERGES

LE TRIOMPHE DE L'INNOCENCE

I

Ce printemps-là, le comte et la comtesse de Royville n'attendirent pas le Grand Prix de Paris pour aller habiter leur château de Seine-et-Oise, au bord de la forêt de Saint-Germain. Le comte prétextait des arrangements à surveiller, toutes sortes de réparations et embellissements dont Royville ne pouvait se passer. La vérité était que leur inséparable, M. de Meurcourt, à la suite des fatigues de l'hiver, repris par la goutte, avait un urgent besoin de campagne. M. de Meurcourt, depuis plusieurs années, faisait tellement partie du ménage, que, dès que les médecins eurent parlé, le comte et la comtesse se résignèrent. Seule, Cécile, une orpheline de dix-sept ans, pas jolie, disait-on, et pauvre, recueillie par la comtesse, sa parente éloignée, en apprenant qu'on partait un grand mois plus tôt, se retint pour ne pas danser de joie.

A Royville, où l'on arriva par une aigre après-midi des premiers jours de mai, une heure avant le dîner, chacune de ces quatre personnes retrouva sa chambre et ses habitudes de l'année précédente. L'installation ne fut donc ni longue ni compliquée. Mais, à part la pauvre Cécile qui, beaucoup plus heureuse ici qu'à Paris, goûtait un réel plaisir à parcourir librement le parc, à s'enfoncer sous les tonnelles et les charmilles, à pousser même jusqu'à la ferme où, après avoir dit bonjour aux lapins et aux poules, elle tenait longtemps embrassée l'intelligente tête fine d'une chèvre blanche, — les trois autres habitants du château commencèrent par s'ennuyer extraordinairement.

Le comte et M. de Meurcourt jouaient pourtant au billard et fumaient d'excellents cigares; M. de Meurcourt et la comtesse faisaient parfois une partie d'échecs ; enfin, l'on recevait des journaux et des revues; puis, lorsqu'il ne pleuvait pas, la calèche était attelée vers quatre heures; mais l'on ne peut toujours se promener en voiture, lire, jouer. Ces ressources épuisées, il ne leur restait qu'à causer, et, fatalement, la conversation tournait autour du même sujet. Quand madame de Ray arriverait-elle? Puisqu'elle le leur avait formellement promis, cette évaporée, cette adorable tête d'oiseau de madame de Ray, devrait au plus tôt s'exécuter! On avait absolument besoin de sa présence à Royville; sans elle la vie ne serait plus longtemps tenable; et il faudrait honteusement rentrer à Paris, si la brillante veuve ne leur apportait tout de suite un peu de Paris dans les froufrous de sa toilette et le tohu-bohu de son verbiage.

— Je viens de lui écrire encore ! dit un soir la comtesse, arrivant en retard pour passer à table.

Chacun avala silencieusement le potage.

— Mais il me vient une idée! s'écria le comte.

Et s'adressant à M. de Meurcourt:

— Si vous disiez à votre ami, M. de Grisolles, de venir aussi?

Oui! Grisolles accepterait; c'était une idée! L'amusant serait, sans avoir l'air d'y pousser, de les voir flirter ensemble, madame de Ray et lui. Et ça ne présenterait aucune difficulté, ce coquin de Grisolles étant comme un enragé pur sang, toujours entraîné. L'adorable serait que, de l'expérience, sortît un jour quelque chose de sérieux et d'improbable : un mariage!

II

Albert de Grisolles arriva deux jours après la frivole jeune femme. On l'installa dans l'aile du Nord, à côté de M. de Meurcourt. Tout à l'autre extrémité, la dernière chambre de l'aile du Midi était occupée par madame de Ray.

On ne s'était pas trompé sur le compte d'Albert. Digne de sa réputation de « coquin », dès le soir de son arrivée, jugeant avec sa grande expérience que l'étourdissante veuve n'était pas une forteresse imprenable, il commença avec vigueur les travaux d'approche.

Madame de Ray, très experte pareillement, se défendit pour l'honneur du pavillon. Mais il devint bientôt évident, pour des yeux exercés, qu'Albert faisait de surprenants progrès. Dès lors le trio des conjurés, la comtesse, le comte et M. de Meurcourt, eurent une occupation attachante. Sans chuchotement dans les coins, ni regards d'intelligence échangés, impassibles en apparence, corrects, se contentant d'observer, ils ne s'ennuyèrent plus.

seule. Cécile ne voyait rien, encore très enfant.

Vers les premiers jours de juin, Albert, estimant la brèche suffisante, se décida à donner l'assaut décisif. Voilà deux semaines révolues qu'il « aimait » la jolie veuve. Craignant d'abuser de l'hospitalité, il désirait une solution. A trente-cinq ans sonnés, on n'est pas vieux, certes, mais l'on commence à apprécier le prix du temps. Bref, un soir en sortant de table, Albert et madame de Ray un moment seuls dans la serre, échangèrent quelques paroles très vives, à voix basse, pendant qu'à côte d'eux un rossignol chantait. Le même soir, bien après minuit, quand il crut tout le monde endormi, Albert, en pantoufles, sans bougeoir se rendit furtivement dans la chambre de madame de Ray.

La porte n'avait pas été fermée en dedans. La jeune femme, qui s'attendait à cette visite, ne s'était pas couchée. Étendue sur une chaise longue, dans un léger et voluptueux déshabillé, elle faisait semblant d'être absorbée dans une lecture. Le petit cri d'effroi qu'elle étouffa ne donna pas le change à Albert. Bien décidé à brusquer les choses, il ne prononça qu'un mot, le petit nom de madame de Ray :

— Isabelle !...

Et il fut tout de suite à genoux devant la chaise longue, ayant pris Isabelle par la taille, s'efforçant de l'attirer contre lui. Mais la taille souple de la veuve lui glissa entre les doigts; Isabelle fut tout de suite debout. Et elle le regardait bien dans les yeux, avec une expression de froideur qu'Albert ne lui connaissait pas.

— Monsieur de Grisolles, lui dit-elle avec une aisance parfaite, l'heure me semble tout à fait indue; mais, puisque vous avez à me parler, je vous écoute...

Du moment qu'elle le prenait ainsi, Albert se sentait perdre contenance. Toute son expérience d'homme à bonnes fortunes lui revenait. Rien à espérer, avec une femme qui, dans un moment pareil, restait à ce point maîtresse d'elle. Et, malgré le voluptueux déshabillé, le joli et la blancheur des gourmandises entrevues, ce fut comme s'il recevait un seau de glace sur la tête.

Des choses dont il ne s'était pas encore douté lui apparurent. Madame de Ray espérait-elle se faire épouser? Parbleu! de petite noblesse et de fortune problématique, elle aurait pu plus mal rencontrer. Mais si la coquette s'était imaginé le prendre dans ses filets conjugaux, lui, n'avait qu'une chose à faire : battre en retraite.

— Isabelle! soupira-t-il encore, en essayant une seconde fois de l'embrasser, par acquit de conscience.

Mais, voyant combien tout était inutile :

— Parler! dit-il galamment. Vous êtes trop

belle ainsi, pour que je puisse parler... A demain?

Et il se glissa hors de la chambre. Ayant refermé sans bruit, il resta un grand moment la main sur le bouton, incertain et regrettant, espérant vaguement qu'on le rappellerait. Il fut même sur le point de rentrer; mais il entendit madame de Ray donner intérieurement deux tours de clef. C'était fini! Alors, la tête de nouveau en feu, revoyant avec netteté le peignoir de dentelles entr'ouvert et se traitant d'imbécile, il fit quelques pas dans le corridor. Soudain, à l'autre extrémité, une sourde lueur... La comtesse! Son bougeoir à la main, la comtesse s'avançait à pas de loup. D'où venait-elle? Eh! qu'importe! dans quelques secondes, elle serait là, devant lui. Très effrayé, il n'eut que le temps de se jeter de côté. Un autre bouton de porte se trouva sous sa main; il tourna machinalement; la porte céda. M. de Grisolles était entré dans la petite chambre de Cécile.

III

Par les fenêtres aux persiennes laissées ouvertes, la lune, une admirable lune dans son plein, inondait la petite chambre. On aurait pu lire, à cette clarté douce qui argentait les draps blancs du lit et la neige des jupons de Cécile, jetés sur une chaise.

Ce soir-là, comme à l'habitude, elle était montée avant les autres, vers neuf heures et demie. Sur la table de nuit, elle avait déposé son livre : *Les Nouvelles Génevoises*, de Toppfer. Puis, avant de se déshabiller, elle était restée longtemps à la fenêtre, se penchant tant qu'elle pouvait, pour tâcher de voir remuer, sur le sable de la terrasse, les ombres des personnes au salon.

Croyant reconnaître, à deux taches noires, M. de Grisolles en grande conversation avec madame de Ray, elle s'était couchée le cœur gros. Non ! pas plus à la campagne qu'à Paris, elle ne se sentait heureuse ! Qui ferait jamais attention à elle, Cécile, Cécile Jaubert, « sans particule, » sans dot? Pas belle avec cela : l'ayant entendu dire, naïvement elle le croyait. Puis, elle s'aperçut qu'elle avait oublié sa prière, et elle la fit, au lit, les mains jointes, demandant, ardemment, qu'il arrivât toutes sortes de bonheurs à M. de Grisolles. Comme si cette évaporée madame de Ray était la femme qu'il fallait à Albert. Aimerait-elle ce beau jeune homme, à l'air si distingué, ainsi qu'il méritait de l'être ? Certes, madame de Ray ne lui avait jamais rien fait, à elle, s'était toujours montrée polie à son égard, charmante même. Alors pourquoi, depuis deux jours, lui déplaisait-elle à ce point ? « Mon Dieu ! Mon Dieu ! je vous en supplie, faites que quelque événement imprévu la rappelle sur-le-champ à Paris ! » Et elle fit le signe de la croix ; puis, le cœur calmé, elle lut un peu de son livre. Elle souffla la bougie. La clarté de la lune pénétrait sous les rideaux bleus du lit. Au milieu de cette douceur, elle avait de nouveau pensé à Albert. Longtemps, dans un délicieux rêve éveillé, elle s'était promenée en pensée sous les ombrages du parc, au bras du jeune homme. Enfin, au milieu du premier sommeil, réveillée par un craquement de porte, voici qu'en rouvrant les yeux, elle percevait Albert, debout devant son lit, cette fois réellement. Elle ne se sentit nullement effrayée.

— Monsieur de Grisolles ! murmura-t-elle, d'une voix qui ne tremblait pas, mais légère comme un souffle.

— Mademoiselle... balbutia-t-il.

Il voulait la rassurer ; mais, les mots n'arrivant pas, il ne fit que des gestes. C'était lui qui avait peur. Et il revint écouter à la porte. Rouvrir cette porte, se sauver, c'était la certitude d'un nouveau vacarme. La comtesse guettait peut-être dans le corridor. Pourvu au moins qu'elle n'entrât pas ! S'il était surpris, quel esclandre ! Une jolie façon de reconnaître l'hospitalité, et, cela, pour l'autre, une coquette, intéressée. Il se rapprocha du lit de mademoiselle Jaubert.

Un peu soulevée sur l'oreiller et accoudée, le menton dans la main, Cécile le regardait. Ses cheveux noirs retenus dans un filet, ses grands yeux étonnés bien ouverts, elle était adorable d'innocence et de jeunesse. L'heure, l'imprévu et l'étrangeté du tête-à-tête, la lueur pâle où se trouvait baigné ce fin visage, tout contribuait à l'entourer d'un charme extraordinaire. Et lui, ne songeait déjà plus à partir, remué jusqu'au fond de l'être, comme attiré par un troublant et mystérieux parfum.

Quand il fut près d'elle, bien près :

— Il faut que je vous explique...

Et il lui prit lentement la main. Tout son corps n'était qu'un tremblement. Quelle tentation !

— Je suis bien malheureux ! soupira-t-il à tout hasard.

Tombé à genoux sur la descente du lit, ne sachant plus, il couvrait de baisers la petite main qu'il n'avait pas lâchée. Et la petite main ne cherchait pas à se dégager.

Surpris et charmé, il entoura peu à peu Cécile de ses bras, puis la pressa avec transports et l'attira passionnément contre lui, comme il avait fait tantôt avec madame de Ray. Cécile, elle, ne le repoussait pas. Vierge de corps et d'esprit, absolument, elle ne savait. Se défendre ! Mais, contre quoi ? Elle ne se doutait pas même qu'elle était attaquée. Sans deviner au juste ce qui se passait en elle, M. de Grisolles, homme d'expérience, sentait confusément qu'elle n'était pas comme les autres, ses « victimes » de n'importe quel monde : toutes plus ou moins instruites, celles-là, d'avance tombées ; des anges aussi, peut-être, mais des anges après la chute. Et, dans l'ivresse de la découverte, au milieu de tout son être, une réflexion pourtant, une hésitation, comme un remords ! La lâchant à moitié, voulant lire en elle, il écarta d'une main le rideau et, quand elle fut bien éclairée par la lune, ses regards cherchèrent les yeux de la jeune fille. Et il fut stupéfait de leur expression grave et distraite, triste. Une pensée, qu'il ne pénétrait pas, préoccupait ce front d'enfant.

— A quoi pensez-vous, mademoiselle Cécile ?
Elle ne répondait pas.

— Cécile, je vous en supplie, à quoi pensez-vous ?

Elle était sur le point de pleurer. Si elle ne savait pas défendre son corps, une pudeur exquise et supérieure l'empêchait de laisser voir son cœur. A la fin, détournant la tête, cachant son visage derrière l'épaule d'Albert, elle lui parla tout bas :

— Vous êtes malheureux, dites-vous, et vous venez me trouver... Avez-vous besoin de moi ? Je ne suis qu'une pauvre fille, sans nom, recueillie ici par charité, qui ne sera jamais heureuse... Mais parlez ! Que puis-je faire ? Je ne sais pas, moi ! Vous courez peut-être quelque grand danger, que vous hésitez à me dire... Eh bien, gardez votre secret, si vous en avez un ; mais, je vous en conjure, disposez tout de même de moi... Oui ! me sacrifier pour vous, quelle joie ! Vous donner ma vie, ma vie inutile, si ce peu de chose pouvait vous servir... Parlez, alors ! Vite, s'il n'y a pas de temps à perdre, commandez ! je vous appartiens !... Dites, mon Dieu ! et, quoi que ce soit, tout de suite, j'obéis !

Elle fondit en larmes. Une pluie tiède et adorable, descendue de ses yeux, tombait sur le visage d'Albert.

Et lui, semblait un autre homme. Ses désirs brûlants étaient loin, comme emportés par un vent léger. Se sentir aimé à ce point ! Une sorte de fanfare héroïque et douce éclatait au fond de son être. Inondé d'enthousiasme, il était arrivé à une de ces minutes comme on n'en goûte pas deux fois et où une existence se décide.

— Cécile, dit-il, ce qui m'attriste, ce qui me rend profondément malheureux, c'est que j'ai trente-cinq ans, à peu près le double de votre âge... Et je sens que ma jeunesse touche à sa fin, et j'ai peur que vous ne me trouviez bien vieux... Voulez-vous pourtant être ma femme ?

Ils se tinrent un moment embrassés. Puis Albert se retira, de son propre mouvement, le front haut, indifférent au craquement de la porte. Il fit sa demande le lendemain. Invitée par convenance, madame de Ray n'assista pas à la bénédiction nuptiale.

A TOUS LES ÉTAGES

I

Madame veuve Fauqueur, la concierge du 25 bis, rue Saint-Guillaume, n'était plus la même depuis quelque temps. Un secret tourment empoisonnait sa vie. Rien qu'à la façon morne et désolée dont elle faisait son escalier, le matin, il était évident que la brave femme broyait du noir. Ses yeux, ordinairement chassieux, et dont l'un disait zut! à l'autre, semblaient plus larmoyants que d'habitude. Les bonnes avaient beau, maintenant, s'attarder dans la loge et en raconter de toutes les couleurs sur le compte de leurs maîtres : elle ne s'intéressait plus à la chronique des six étages. Toujours préoccupée, la tête basse, les coques de son bonnet noir rabattues, elle remuait mélancoliquement dans « sa goutte » un morceau de sucre qui ne finissait pas de fondre. Une idée fixe obstruait continuellement son âme.

« Sa maison ? » Non ! ce n'était pas de là que lui venait l'inquiétude. Cette maison, dont, depuis environ vingt-cinq ans, elle se disait « la gérante », elle en était arrivée à la considérer comme à elle. Jadis, lorsque le prédécesseur du propriétaire actuel ne reculait pas devant la location à des entretenues et à des filles, elle avait eu bien du mal. Mais, depuis longtemps, grâce à ses conseils, la maison nettoyée, épurée, non seulement remise à neuf, mais presque rebâtie et différemment appropriée, était devenue l'honneur de la rue entière, l'exemple du quartier. Du coiffeur Mézembour, occupant aujourd'hui la boutique du rez-de-chaussée, jusqu'au cinquième inclusivement, plus qu'un locataire par étage ! Tout du monde comme il faut, posé, ayant un bail, enfin des gens à leur aise, pas regardant sur les étrennes, et occupant une place honorable dans cette société, que le coiffeur comparait parfois à « une échelle ». Au premier, par exemple, un médecin. Au second, un ancien chef de division en retraite. Au troisième, le principal rédacteur d'un journal grave et bien pensant. Au quatrième, un prêtre. Au cinquième, deux vieilles filles. Seul, le sixième étage, occupé par les chambres des bonnes, nécessitait parfois sa surveillance; mais encore là, une des mansardes, louée à un sergent de ville, vieux soldat décoré devant Sébastopol, mettait une garantie de bon ordre et de moralité.

Comme elle n'avait que deux choses au monde qui lui tinssent au cœur, sa maison et sa fille unique Victorine, du moment que le 25 bis purifié continuait à mériter le prix Monthyon, madame Fauqueur ne pouvait se forger de sérieuses inquiétudes que sur le compte de la petite.

II

La morveuse venait d'atteindre quatorze ans. Elle était toute changée depuis six mois. Son corsage avait pris subitement des rotondités exagérées, tandis que son visage rapetissé, en lame de couteau, était devenu d'une pâleur effrayante. Ses yeux enfoncés s'entouraient d'un cercle sombre, gardaient une expression d'égarement, Et elle ne recherchait pas comme autrefois la compagnie de ses petites camarades. Le dimanche après-midi, plus de ces folles parties de volant qui remplissaient la rue de froufrous de jupes et d'éclats de rire. Au contraire, elle restait à l'écart sur une chaise, recherchant la solitude, recroquevillée sur elle-même. Et ses épaules de fillette se voûtaient. Bref, madame Fauqueur, qui avait eu, elle aussi, quatorze ans, en vint à se dire que sa Victorine se livrait en secret à quelque pernicieuse habitude.

Que faire? A quel saint se vouer? Qui consulter? Elle avait entendu dire que c'était grave, qu'on en meurt à la longue. Elle n'avait que sa Victorine au monde!

Prendre la petite à part et l'interroger à l'improviste? Mais, outre que c'était délicat, il pouvait se faire que ses craintes ne se trouvassent nullement fondées. Quelle déconvenue alors! Sans compter que des paroles imprudentes risqueraient de donner l'éveil à l'enfant.

Oh! si elle ne se retenait pas! Des tentations prenaient à chaque instant maman Fauqueur de tomber sur la gamine, de la rouer de coups, de lui flanquer la plus belle des trépignées. Ça lui apprendrait, à cette gourgandine. Mais, après? La guérison aurait-elle fait un pas?

Ses colères tombaient donc vite. A la fin, elle se laissait embrasser sans rien dire, par Victorine déshabillée, sur le point de se coucher, dans un étroit cabinet obscur attenant à la loge. Puis, elle-même se mettait au lit, en rongeant sa douleur. Et, pendant des heures, elle prêtait l'oreille, espérant surprendre quelque chose. Rien qu'un dre-lin, lin, lin, de la sonnette, entre onze heures et minuit. Le cordon tiré, elle entendait le frottement d'une allumette. Et le docteur, celui de ses locataires qui rentrait le dernier, disait en passant : « C'est moi ! » Puis, elle se levait parfois sur la pointe du pied, afin d'aller écouter de plus près ; Victorine, dans son étroit lit de fer, avait le le ronflement léger d'une innocente. Enfin, la concierge finissait par céder au sommeil. Et c'étaient jusqu'au jour de fatigants cauchemars, où elle s'imaginait les anciens locataires revenus, toute la bruyante crapule d'autrefois, filles, vieux roquentins et souteneurs, pénétrant dans la loge et venant lui débaucher Victorine. Et la persistance de ces rêves finit par la persuader que le péché de la petite n'était qu'un restant d'ordure de la maison mal famée jadis, qu'une contagion de l'ancien vice, demeuré dans les fondations et dans l'épaisseur des grosses murailles.

III

Le coiffeur Mézembour — boutique au rez-de-chaussée — fut le premier, naturellement, à qui la mère Fauqueur demanda un conseil. Pour rien au monde elle ne se fût confiée à quelqu'un du quartier : il y allait de l'honneur de sa maison autant que de celui de sa fille.

Un lundi, jour de sortie de l'unique garçon, elle arriva par la cour dans l'arrière-boutique. Mézembour travaillait à une perruque. Quarante-cinq ans et veuf, Mézembour. Il avait parlé plusieurs fois, vaguement, d'épouser la veuve Fauqueur ; la voyant entrer toute émue, toute rouge, presque honteuse, il crut qu'elle venait pour le mariage. Quand il comprit que non, le coiffeur ne quitta plus du regard sa perruque. Elle pressait ; un sénateur chauve la lui avait commandée avant de donner un grand dîner politique. Et il plaça sa phrase sur la société « qui est une échelle ». Quant au cas de Victorine, il n'y attachait aucune importance. « La nature... » commença-t-il avec emphase. Bref, il fallait laisser agir celle-ci : la nature aussi « était une échelle ». Et le mariage arrangerait tout.

— Quel idiot ! pensait la concierge en s'en allant. Puis-je la marier ? Elle n'a pas l'âge !...

Trois mois s'écoulèrent. Victorine n'avait presque plus de visage, tant la peau était tirée sur son profil de chèvre. Une toux inquiétante la secouait. Sa mère, une après-midi, en montant les lettres du premier étage, demanda à parler à M. le docteur. Celui-ci prescrivit du fer et une potion. Il arriva que l'estomac de la petite se refusait absolument à digérer le sirop de fer. Quant à la potion, elle aggravait plutôt le mal, car elle agitait Victorine et l'exposait à l'insomnie.

A quelques jours de là, madame Fauqueur reconnaissant que la Faculté était impuissante, songea à recourir à d'autres lumières. Le monsieur du second, dont elle faisait le ménage, lui en avait toujours imposé par son aspect sérieux et une belle barbe blanche. Elle ne l'avait jamais vu rire. Elle savait qu'il avait rempli longtemps des emplois élevés dans l'administration des affaires publiques. Dès qu'elle lui eût exposé l'affaire, un matin, le chef de division en retraite resta longuement méditatif. Et, par habitude, ses yeux aux paupières bridées semblaient chercher quelque chose contre la muraille d'en face : probablement le carton, le casier numéroté, où pouvait se trouver le dossier de cette question. A la fin, n'ayant plus ni chef de bureau ni sous-chef pour se décharger sur eux de l'investigation, s'apercevant enfin qu'il ne s'agissait de rien de ministériel, une petite flamme se mit à luire au fond de ses yeux morts. Et, passant deux ou trois fois la langue sur ses lèvres pâles, avec une gourmandise de vieux garçon allumée, il proposa à la mère de céder son ménage à Victorine. Il étudierait alors. — Et le prix? — Vingt-cinq francs par mois comme à vous... — Madame Fauqueur refusa avec indignation.

IV

Elle ne fut pas plus heureuse aux autres étages. Au troisième, le principal rédacteur d'un journal pesant l'accueillit avec des plaisanteries. Cet homme, qui avait peut-être à se reposer de quelque article sur la revision de la Constitution, eut le manque de tact de lui répondre par des distiques latins. Et, comme la concierge ouvrait ses gros yeux, le farceur : « C'est du Martial! ma bonne madame Fauqueur... Ne faites pas la petite bouche : ceci est du doux Ovide! » Puis, en la reconduisant à l'antichambre : « Si elle se destinait par la suite au théâtre, dites-le moi : je la recommanderais à mon ami Francisque, le prince de la critique! »

En désespoir de cause, gravissant quelques marches de plus, elle alla sonner chez M. l'abbé Fourchard. Le cordial « entrez! entrez donc! » que lui cria le prêtre, à travers la porte vitrée de son cabinet, lui fut un soulagement. A la bonne heure, elle trouvait cette fois une dignité simple, de la condescendance à ses douleurs, un ton d'affectueuse commisération. Seulement, le médecin de l'âme lui conseilla pour Victorine une ordonnence aussi inefficace que celle du médecin du corps. « Il faudrait qu'elle vînt se confesser souvent... qu'elle approchât de la Sainte-Table... Une retraite, de temps en temps, mettrait la pureté de votre fille sous la protection de Marie conçue sans péché ». Des nèfles ! Victorine fit encore plus la grimace que lorsqu'il s'agissait d'avaler les drogues du docteur. La concierge, elle, esclave de son cordon, ne pouvait l'accompagner à confesse, aux vêpres. Mézembour, quand son garçon était là, l'aurait pu ; mais il était libre-penseur. De sorte que, chaque fois qu'elle partait toute seule pour l'église, avec son livre, Victorine ne rentrait qu'au bout de trois heures, très ébouriffée, avec, sur sa robe, des taches vertes, essuyées en allant gueuser le long des quais, sous les ponts.

Et maman Fauqueur eut surtout à se mordre les doigts d'avoir confié ses angoisses de mère aux deux vieilles filles du cinquième. Celles-ci, avec des attitudes de fourmis sensibles, firent mine de l'attirer sur leur poitrine plate, de la plaindre, de vouloir passionnément la secourir. Et ce furent d'interminables chuchotements, tantôt chez elles, tantôt dans la loge, les portes hermétiquement closes, les rideaux délivrés de leurs embrasses afin de mieux étouffer le secret des confidences. Tout ça, pour ne rien dire ! La plus jeune, par exemple, mademoiselle Aurore, révélait le mystère d'une certaine tisane, en honneur sous Louis-Philippe pour des circonstances semblables, et dont elle avait bu en sa jeunesse. Puis, un beau jour, madame Fauqueur eut la consternation de s'apercevoir que son malheur transpirait dans le quartier.

Les deux chipies avaient bavardé. On la montrait au doigt, maintenant, elle et sa fille. Tout ça rejaillissait sur la maison, en train de redevenir un objet d'opprobre. « Voilà ce que c'est que d'avoir confiance en des femmes! » Les deux vieilles limandes lui avaient porté plus de préjudice que la Médecine, l'Administration, le Journalisme et la Religion réunis.

V

Victorine cependant se portait mieux depuis quelques jours. On ne l'entendait plus tousser. Elle ne ressemblait plus autant à un squelette. Sur ses joues, les roses de la fraîcheur et le duvet de l'innocence reparaissaient. Ses yeux perdaient leur stupidité fixe. Et coïncidence extraordinaire, madame Fauqueur remarqua que l'amélioration datait de six semaines, justement depuis une foulure au pied qui la clouait, elle, dans son fauteuil. Chaque matin, Victorine montait au sixième à sa place, faire la chambre du sergent de ville. Elle y restait toujours longtemps.

Dès qu'elle put quitter sa chaise longue, maman Fauqueur eut la curiosité de monter sans bruit derrière sa fille. Ce qu'elle devina par le trou de la serrure, manqua la faire tomber à la renverse. Elle voulait crier, mais la voix lui manquait; enfoncer la porte, mais elle était changée en statue. La petite devait être couchée sur le lit. Et lui, le vieux médaillé, elle le vit debout, tout contre, et dans quel désordre, son sabre tombé au milieu de la mansarde. Que faire? Tuer le sergent de ville? Ou appeler des témoins, guetter la sortie de cet homme, le perdre, et, en même temps que lui, perdre la réputation de la maison, et la sienne, et celle de Victorine? Indécise, madame veuve Fauqueur redescendit les six étages, écrasée. Et elle finit par ne rien dire à personne.

Grâce à ce silence, trois ans après, Victorine, depuis longtemps guérie, est devenue madame Mézembour.

MADEMOISELLE MARIE

I

La toute jeune petite jument, attelée au breack, trottait sous la pluie avec un feu extraordinaire. Sur le siège, enveloppé de son caoutchouc, où l'eau s'égouttait en torrents et cascades minuscules, M. de Belbœuf conduisait. Derrière les puissantes épaules du gentilhomme campagnard, sur un des bancs du breack découvert, mal abrité par un parapluie et gêné horriblement par toute sorte de paquets volumineux, de paniers de provisions, André s'envoyait lui-même à tous les diables.

D'abord, sa nuit complètement blanche, passée au milieu des grecs du Casino de Trouville, qui avaient allégé sa bourse d'une soixantaine de louis, faisait courir en lui le frisson vague de ceux qui n'ont pas dormi. Puis, quelle jolie façon de travailler à sa pièce pour le Théâtre-Français ! Une idée superbe, pourtant, ces quatre actes, dont le scenario, prêt, attendait depuis des années, et qui, du coup, pouvait le tirer de pair, et le dispenser dorénavant de se gaspiller dans la menue monnaie du journalisme. Encore une ou deux nuits pareilles, et, au lieu des mois de loisir, depuis si longtemps convoités pour pondre un chef d'œuvre, il lui faudrait reprendre le collier. Enfin, le plus fort de tout, c'était cette promenade mouillée et saugrenue, ce voyage à l'aventure, cette manière de passer d'une folie à une autre folie, avec l'entraînement d'un échappé de collège qui n'aurait pas jeté sa gourme.

Le connaissait-il, seulement, ce M. de Belbœuf, décoré, rouge de teint, probablement quinquagénaire, l'air mi-gentillâtre normand et mi-capitaine de gendarmerie en retraite ?

Oui ! le jeu amenait de bizarres relations ? Un brave homme, à coup sûr, que ce M. de Belbœuf. A première vue, la veille au soir, il lui avait paru sympathique ; au milieu de ce ramassis de gens sans aveu, chevaliers d'industrie, écumeurs de Casino, filous de haut et de bas étage, tous deux s'étaient sentis attirés l'un vers l'autre, grâce à ce fluide qui fait que, non moins que les gredins, les honnêtes gens se reconnaissent de loin et se devinent. Mais, parce qu'ils avaient ponté du même côté, été volés de compagnie, parce que, en attendant que le croupier pût changer un de ses billets de mille, M. de Belbœuf lui avait passé de son propre mouvement cinq louis afin qu'il pût continuer son jeu, était-ce une raison d'être à tu et à toi avec ce compagnon de déveine ? Au petit jour levant, quand ils s'étaient trouvés côte à côte dans la rue de Paris, enfin hors de l'atmosphère lourde du tripot mal famé, au lieu d'aller bien vite se coucher, quel besoin de se demander du feu, de s'offrir des cigares, de faire ensemble un tour sur la plage ?

Ce n'était rien encore que les huîtres, le chablis, le déjeuner au restaurant, la longue causerie en prenant le café. Voilà qu'au sortir de table, cet étonnant M. de Belbœuf, propriétaire, ancien cuirassier de Solferino et de Reichshoffen et de l'armée de la Loire, marié à une Suédoise, « à son aise sans être un Crésus », gentilhomme éleveur, augmentant ses revenus en ayant toujours vingt-cinq ou trente poulains et pouliches parqués dans ses prairies — un Normand est expansif, la fourchette à la main ! — l'avait fourré presque de force dans son breack, voulant lui montrer ses domaines ; oh ! une simple promenade à dix-neuf kilomètres de Trouville, sur la côte de Grâce. Si bien que, n'ayant même pu rentrer chez lui pour changer de linge, André maintenant, à dix heures du matin, l'averse dans le dos depuis Villerville, se sentait trempé comme une soupe. Maudissant intérieurement l'éleveur, s'en voulant à lui-même de sa facilité à se laisser entraîner, il aurait donné beaucoup pour être chaudement couché dans son lit.

Cependant, la pluie cessa. Et, une longue montée gravie, quand M. de Belbœuf se retourna, pour lui montrer, du bout de son fouet, le panorama admirable de la côte de Grâce, avec, tout en bas, Honfleur éclairé par un coup de soleil, la maussaderie d'André se dissipa un peu.

Au bout de dix minutes, le breack entrait dans une allée séculaire de châtaigniers. Deux femmes, simplement vêtues, parurent sur la terrasse.

M. de Belbœuf leur envoya un baiser de la main. Puis, de son siège, il les présenta l'une et l'autre à André :

— Ma femme !... Mademoiselle Marie, ma fille !

« Tiens ! il ne m'avait pas parlé de sa fille ! » se dit André en la regardant. Mademoiselle Marie aussi le considérait. Et, dans cette rencontre de leurs regards, ce fut, soudain, comme si quelque chose de tiède et de doux le pénétrait. Rien que sur la première impression ! Ne sachant encore au juste si elle était grande ou petite, brune ou blonde, jolie ou belle, il se sentait déjà heureux d'être venu.

II

Elle était très brune, plutôt petite, mais portait haut la tête, ne perdait pas une ligne de sa taille frêle encore, aux seins naissants. Quelque chose de décidé, de vaillant même, semblait une émanation de sa gracieuse personne. Tandis que ses yeux, ses grands yeux noirs, dégageaient de l'intelligence, révélaient une droiture. Son abondante chevelure frisait naturellement.

Et, huit jours après, André, venu seulement pour une promenade, était encore l'hôte de M. de Belbœuf.

Huit jours de bonheur sans nuage! Une de ces semaines légères, qui glissent sans qu'on s'en aperçoive, comme les autres grains du sablier, mais dont le charme ne s'oubliera plus. Un de ces moments exceptionnels dans la vie, que, malgré l'impossibilité du recommencement, il reste doux de contempler, de loin, comme un phare allumé dans la nuit de notre jeunesse.

Le premier soir, on ne fit rien. Les deux joueurs se sentaient fatigués; tout le monde se coucha de bonne heure. Le lendemain, un déluge. Un temps à ne pas mettre une bête dehors. André parlait de s'en aller quand même, par discrétion. M. de Belbœuf haussa les épaules, et ouvrit la table à jeu. Un whist! Toute une après-midi de whist avec le mort, à deux centimes et demi la fiche. André perdit dix-sept sous. Marie était là, tout près. Quelquefois, en ramassant les cartes, leurs mains se frôlaient. A un moment, sous la table, la robe de Marie lui toucha le genou. Le petit salon obscur lui semblait resplendir d'un soleil intérieur.

Vers la tombée de la nuit, une éclaircie permit de faire quelques pas dans le jardin. Marie avait mis de mignons sabots. Lui, pataugeant dans la boue, faillit s'étendre. « Voulez-vous me donner la main, monsieur? » Et elle le conduisait, comme une sœur menant par la main son petit frère. Alors, il se sentit tout malheureux d'avoir trente-trois ans, tandis qu'elle dix-sept. Et, comme M. de Belbœuf marchait un peu en avant, il enleva brusquement son chapeau pour montrer ses premiers cheveux blancs à la jeune fille.

— Oui! je les vois! dit gravement mademoiselle Marie. Mais, qu'est-ce que ça fait?

Et la petite main qui pressait la sienne, ne lâchait pas, le serrait au contraire plus fort. De temps en temps, M. de Belbœuf, lui, se baissait pour ramasser quelque fruit tombé, qu'il mettait dans ses poches. Devant un pommier énorme, depuis des années fendu en deux par la foudre, mais très chargé de pommes, il arrêta André.

— Qui dirait que ça vit !... Voyez ! ça ne tient plus debout que par l'écorce !

Pourtant l'arbre « rapportait »; et, sur ses doigts, il évalua approximativement la récolte.

Le lendemain, de nouveau la pluie ; une pluie torrentielle, mêlée aux rafales d'un vent d'équinoxe. La chemise d'André n'étant plus présentable, son hôte lui prêta du linge, puis lui gagna trente sous au whist. « Je rattrape mon blanchissage. » Enfin, le quatrième jour, par un temps revenu superbe, dès l'aurore, l'éleveur entraînait André dans ses prairies.

Sous le bleu lavé du ciel, dans la gaieté frissonnante du matin, les deux hommes marchaient à grands pas. Tout à coup, de l'autre côté d'une haie, un bruit de galop léger, puis, des hennissements. Et une jument poulinière apparut, entourée de quatre jeunes pouliches en liberté. Elles se laissaient toucher, caresser, par dessus la haie. Mais, à peine M. de Belbœuf eut-il ouvert la clôture en bois, jument et pouliches, avec des ruades, prirent la fuite. Lui, à force de les suivre, en leur montrant du sucre, finissait par les approcher, par les saisir à la crinière. Et il en faisait alors ce qu'il voulait, les regardant dans la bouche et sous la queue, enlevant parfois un petit caillou de leurs sabots pas encore ferrés. Puis, la clôture refermée, il conduisait le Parisien dans un autre parc, sans lui faire grâce. Vers midi et demi, quand on se rapprocha du déjeuner, André trouva mademoiselle Marie au milieu d'une ribambelle de petits cousins et de petites cousines, arrivés en breack, d'un village à six kilomètres.

On se serra, dans la maison hospitalière. Pendant trois jours, André et Marie jouèrent avec ce petit monde : aux cachettes, à la charade, au cerf-volant. Quelles courses folles, sous les châtaigniers de l'allée! Grands et petits, lâchés comme les pouliches de l'éleveur, s'en donnèrent à cœur joie. Et André n'était pas le moins ardent, se croyait redevenu très jeune.

Paris, ses luttes, ses travaux et ses rêves, tout s'était effacé. De la semaine entière, ce qui ne lui était jamais arrivé depuis quinze ans, il n'ouvrit pas un journal, M. de Belbœuf n'était abonné qu'au *Phanal de Honfleur*, hebdomadaire. Et sa pièce donc? Présentement, lui, en jouait une, autrement palpitante que toutes celles lues devant le comité. Il aimait mademoiselle Marie!

En enfant, il croyait l'aimer comme il n'avait jamais aimé. Quelques serrements de main furtifs un regard répondant à l'appel de son regard, le petit cadeau d'un sourire d'intelligence, un pied pressé contre le sien sous la table pendant le whist ou le loto de famille : c'était tout. Les nuits pourtant, loin d'être agité par de brûlants rêves, il s'endormait dans la douceur de se sentir sous le même toit que mademoiselle Marie. Et, dans sa certitude d'être aimé, il ne cherchait guère à lui parler en secret. Cependant, le dernier soir, l'ayant vue se diriger vers l'allée, il la rejoignit. Sous les noirs châtaigniers, dans l'ombre opaque, l'ayant prise dans ses bras :

— Toujours !... Toujours !... Mademoiselle Marie...

— Oui, monsieur André... Toujours !

N'en pouvant dire plus, ils se tinrent un moment embrassés.

Le lendemain, de Trouville, avant de retourner à Paris, où le rappelaient des lettres arrivées en son absence, André écrivait à M. de Belbœuf pour lui demander sa fille en mariage.

III

Dix-huit mois s'étaient écoulés. Paris et son existence fiévreuse, la lutte littéraire avec ses émotions, le journalisme et le théâtre, avaient repris André tout entier.

Un soir de février, vers une heure du matin, au théâtre du Château-d'Eau, la toile qui venait de se baisser sur le cinquième acte, se releva tout de suite ; et, avancé devant le trou du souffleur, un acteur prononça la formule sacramentelle : « Mesdames, messieurs, la pièce que nous avons eu l'honneur de représenter devant vous, est de M. André... »

Quelques coups de sifflets, bientôt couverts par les applaudissements de la claque et des amis. Le gros du public, de ce fameux public des premières, avait déjà évacué la salle, indifférent. Allons ! c'était un succès d'estime ! Un quart d'heure plus tard, après avoir reçu force poignées de mains, froides comme un compliment de condoléance, ou menteusement enthousiastes, après être allé lui-même féliciter, dans leurs loges, les interprètes qui avaient massacré sa pensée, André se retrouva sur le trottoir du boulevard, enfin seul. Les cafés fermaient. Il alluma un cigare. Et comme il faisait un magnifique froid sec, ayant d'ailleurs besoin de respirer à pleins poumons et de se calmer les nerfs, l'auteur dramatique rentra à pied.

Il n'allait pas vite. Et la course était longue pour regagner la rue de l'Orient, à Montmartre, où André habitait un petit pavillon avec jardin minuscule. A sa surexcitation de l'après-midi, où l'on avait « répété généralement », puis fait des raccords jusqu'à la dernière minute ; à son long supplice de la représentation, pendant laquelle seul, derrière le manteau d'Arlequin, réduisant son mouchoir à une mignonne boule de la grosseur d'une noix, il avait découvert un peu tard que son exposition était trop lente, que « le trois » restait vide, que le « quatre », où il avait voulu frapper fort, arrivait à l'emballement, enfin que le dénouement, illogique, était à refaire, — avait succédé un profond découragement. Oui, sa pièce ne valait rien, et c'était justice que, le Théâtre-Français, d'abord, puis le Vaudeville et le Gymnase, l'Odéon et le Théâtre Cluny la lui eussent tour à tour refusée ! En referait-il jamais une autre ? Cette conception merveilleuse et originale, portée en lui des années, cette grande idée qu'il n'était pas arrivé à rendre telle qu'il la sentait tressaillir en lui, aurait-il à nouveau le courage de se prendre corps à corps avec elle ? Eh ! grand Dieu ! à quoi bon ? Pour, une fois de plus, ne pas se satisfaire, et se voir fermer les portes, tomber peut-être dans un théâtre plus infime, chez Ballande ou aux Batignolles. Et, cela, pour qui ? La jeunesse à grands pas s'en allait ; la gloire était une fumée plus impalpable que les autres ; et il se trouvait seul dans la vie. Seul ! Alors, ses idées prirent une autre pente. Ses déboires dramatiques, les défauts du *trois* et du *quatre*, le vice du dénouement, tout fut oublié. André, brusquement, s'était rappelé mademoiselle Marie. Dormait-elle à cette heure dans son lit blanc de jeune fille ? Jouait-elle toujours sous les châtaigniers avec les petits cousins et les petites cousines ? Etait-elle mariée ?

Dire que dix-huit mois s'étaient écoulés depuis cette fraîche aventure ! Dix-huit mois arides et stériles, à travers lesquels il retrouvait tout à coup le souvenir de cette semaine unique. Le bonheur sans doute était là. Pourquoi ne pas avoir épousé mademoiselle Marie, lorsque M. de Belbœuf avait répondu à sa demande en mariage par une confession complète ? Mademoiselle Marie n'avait pas eu une naissance régulière. Sur les registres de l'état civil. elle ne s'appelait pas « mademoiselle de Belbœuf. » Sa mère, une fille de ferme, incroyablement belle et galante, courtisée par les plus solides gars du pays, l'avait mise au jour sans la signature d'aucun collaborateur. M. de Belbœuf, sur de fortes présomptions d'être lui-même ce collaborateur, avait recueilli et élevé l'enfant qui ne savait pas encore le premier mot de toute cette histoire. Eh bien ? après ? Pourquoi ne pas avoir passé par là-dessus, lui, André, un homme au-dessus des préjugés, un artiste ? Au lieu de prendre sur-le-champ une résolution virile, il avait réfléchi, hésité, puis consulté un ami intime, qui lui avait dit : « Tu peux l'épouser, mais tu seras un héros ! » Il avait fini par ne pas être un héros. Maintenant, dix-huit mois plus tard, en remontant la rue Lepic, déjà humilié de son échec dramatique, voilà qu'il souffrait dans son orgueil de ne pas s'être comporté en héros. Eh! tout se tenant dans la vie, qui sait? S'il avait été homme à épouser généreusement Marie, son œuvre probablement serait venue plus solide, et plus forte. Oui, il eût montré enfin, au théâtre, cette maîtrise qui dompte les foules !

Il arrivait à la courte rue de l'Orient. Soudain, le coin tourné, il fut bien étonné. Devant la porte de son pavillon, un fiacre arrêté. Était-ce pour lui? Qui pouvait venir le visiter en pleine nuit, à trois heures du matin ? Et, dans l'ombre, il crut voir une tête se penchant par la portière, une tête de femme, encapuchonnée de dentelle. Tout à coup, il ne fit qu'un bond vers la portière, les bras ouverts.

Il avait reconnu mademoiselle Marie.

IV

Dans le cabinet de travail du rez-de-chaussée, Marie était assise au bord du divan. Toute sa petite personne, décidée et vaillante à l'ordinaire, tremblait. Fou de joie, André agenouillé, lui mangeait les mains de baisers.

Enfin elle put parler :

— Je ne comprenais plus rien à ce qui se passait... Vous n'écriviez plus... Je pleurais tous les jours... Alors, M. de Belbœuf a fini par m'expliquer ce qu'il vous a écrit, que ma naissance n'était pas régulière, qu'il ne fallait plus compter vous épouser... Alors, je n'ai rien dit, je n'ai plus pleuré, mais j'ai commencé à mettre de côté les quelques sous qu'on me donnait le dimanche... Puis, quand j'ai eu de quoi faire le voyage, je me suis sauvée, et me voici... Puisque nous nous aimons, sans pouvoir nous marier...

Ils vivent heureux depuis trois ans. Marie va être mère ; lui, a fait une nouvelle pièce, plus crâne et mieux charpentée. A cause de l'enfant, André, la semaine prochaine, épouse celle qui est déjà sa femme.

LES FILLES

NUIT DE PRINTEMPS

I

Par une lune pleine, toute ronde, suspendue au-dessus des arbres comme un énorme louis d'or, les Champs-Élysées, dignes de leur nom, semblaient un lieu de délices surnaturelles. Devant les cafés-concerts, qui n'avaient pas fait leur réouverture, des promeneurs attardés respiraient avec émotion les effluves du renouveau. Soudain, à l'entrée de « l'Allée des Veuves, » un fiacre, contenant une femme seule, s'arrêta. Le fiacre était payé ; la femme referma bruyamment la portière et s'éloigna, non sans avoir adressé au cocher un familier signe de tête.

— Eh bien ! dit celui-ci du haut de son siége,

il n'y a qu'à la regarder se carapatter... Mince ! elle vous a une jolie cuite, la particulière !

Il y avait de ça. Hortense ne faisait pas positivement des festons en marchant ; mais, de la façon dont elle filait sous les beaux arbres, yeux allumés, chignon de travers, frimousse au vent, on devinait quelque chose de pas ordinaire.

Ce n'était pas tant ce qu'elle avait bu là-bas, tantôt, à la Vacherie, lorsque la voiture avait fait halte. Non ! s'il lui prenait à présent des envies de crier, de sauter, de se rouler sur le gazon ras des pelouses, c'était du contentement, plutôt encore qu'un plumet en règle. Cette fille venait d'avoir de la chance. Dès huit heures et demie, à peine au sortir de table, en arrivant dans la grande allée, elle avait fait une bonne rencontre. Au nez des camarades jalouses, un étranger très sérieux, à lunettes d'argent, l'avait emmenée, pour un tour en voiture. Aussi, des fiertés la prenaient, et levant en l'air son nez retroussé, elle regardait la lune, semblable là-haut à un beau napoléon tout neuf. Elle en avait trois, elle, dans son porte monnaie, de beaux napoléons neufs. A peine onze heures, et avoir déjà fait soixante francs ! Disposée à accepter une nouvelle promenade, elle recommençait à sourire aux passants bien mis, lorsque tout à coup, non loin du Châlet, elle se trouva nez à nez avec Chichite, qui lui dit à brûle-pourpoint :

— Bonsoir, payse... Tu vas me payer quelque chose ?

Hortense voulait passer outre. Mais Chichite, une de ces gaillardes qui n'ont pas froid aux yeux, lui barra le chemin.

— Sacré payse ! tu as eu de la chance, toi... tu viens d'étrenner... Qu'est-ce que tu paies ?

Hortense, qui n'avait pas mauvais caractère, ne se fâcha pas tout de suite.

— Tu te trompes, ma fille... je n'ai pas fait un sou... répondit-elle avec douceur.

Sans être plus fausse ni plus ladre qu'une autre, Hortense n'avait qu'une idée : éviter la tuile, se débarrasser n'importe comment de cette gouappe de Chichite, et, sans perdre de temps, se remettre au travail. Toute lancée qu'elle était, elle voulait fermement rester sérieuse. Que diable ! on n'est pas en veine tous les jours. Tantôt, en se tirant les cartes, elle avait vu ça : tous les trèfles étaient sortis ! Aussi, maintenant qu'elle avait gagné de quoi payer sa chambre, ce serait bien sot à elle de ne pas faire le même soir son costume neuf et, qui sait ? peut-être son chapeau.

— Pas un sou ! affirma-t-elle avec aplomb. J'ai pas même dîné...

Et, apercevant à quelques pas la baraque d'une marchande de limonade fraîche, de coco, de sucre d'orge, elle eut la présence d'esprit d'y courir.

— Avez-vous un morceau de viande, madame la marchande?

Chichite arrivait furieusement sur les talons d'Hortense. Tout ça, c'était de la frime. On ne la lui faisait pas ! Encore si elle ne l'avait pas vue grimper en voiture avec le pékin chic ! Car, à coup sûr, celui-là n'était pas un poseur de lapin. Entre camarades, se monter ainsi le coup n'était pas honnête.

Et, comme l'autre faisait encore mine de détaler, Chichite la saisit par le bras, en vociférant :

— Un cognac !... Tout de suite, un cognac !... Ma payse vous le paiera, madame la marchande; moi, je n'ai pas un rond...

— Tu n'as pas le rond ! fit Hortense à bout de patience. Zut à la fin !... Faut pas tant en donner à ton Gustave, et tu auras aussi de la galette !

Et elle dégagea violemment son bras. Cela se gâtait. Elles avaient autant bu l'une que l'autre. A leurs éclats de voix, étaient accourues sept ou huit filles, lasses de rôder inutilement dans les allées peu fréquentées. Les lazzi et les rires de cette galerie envenimèrent la querelle.

— Et si je l'aime? moi, Gustave... Et s'il me plaît de lui en donner, alors ?

— Alors ! merde... pour toi et pour lui !

Puis, des gros mots, sans qu'on sût qui avait commencé, Hortense et Chichite en vinrent aux voies de fait. Hortense, comme une chatte enragée, souple et terrible, bondissait. L'autre, imposante par la masse, un vrai dromadaire dont les deux bosses semblaient n'en faire qu'une, assénait dans le vide de formidables coups de poing.

D'abord, elles ne se firent pas grand mal. Une gifle bien appliquée chanta pourtant sur la bonne grosse joue de Chichite. Mais le nez retroussé d'Hortense fut tout de suite en sang. Folle alors, poussant d'aigus cris de rage, celle-ci fit un saut en arrière ; et, ramassant son en-tout-cas tombé au commencement de la dispute, elle voulut en assommer l'autre ; mais la pomme lui resta à la main, tandis que l'en-tout-cas se brisait contre la baraque. D'émotion, la marchande en renversa une carafe de limonade, se mit à crier à la garde. Amusée et grossissant, la galerie se tordait.

Quand la garde arriva enfin, il fallut un certain temps pour relever et séparer les deux femmes, qui, réunies par les hasards de la rixe, ne formaient plus qu'un seul être : un monstre informe, roulé à terre, gigottant de ses huit membres enchevêtrés, ballotant ses deux têtes, en train de se griffer lui-même, de se mordre. Cela au milieu d'une pelouse de jeune gazon, fraîchement arrosée et devenue un lit de vase noirâtre.

II

Le lendemain matin, vers cinq heures, au poste du Palais de l'Industrie, dans un « violon », Chichite fut éveillée à demi par la sensation d'être couchée à la dure, sur un banc de bois. Aussitôt, une crampe à la cuisse gauche la fit s'apercevoir qu'elle n'était pas seule. Hortense dormait là profondément, pelotonnée à ses pieds, prenant une de ses larges cuisses pour oreiller.

Sans s'éveiller complètement, encore pompette, Chichite ne fit que dégager sa jambe. Mais, n'ayant pas chaud, elle remonta contr'elle ce corps moite. Pour ne pas tomber du banc étroit, instinctivement, l'autre finit par la prendre tout à fait dans ses bras. Et elles dormaient encore ainsi, vers sept heures, lorsqu'un gardien de la paix vint les déboucler.

— Eh bien ! mes tourterelles, vous ne vous êtes pas mangé le nez cette nuit ?... Je le savais bien, moi, qu'une fois ici, vous vous tiendriez chauds vos petits petons...

Avant de comparaître devant le commissaire de police, elles durent attendre une heure et demie, dans le poste, au milieu d'une vingtaine de gardiens de la paix. Ces messieurs se montrèrent aimables. Il ne faisait pas chaud, et le poêle ronflait comme en hiver. On leur prêta une vieille brosse chauve, un peigne à moustaches.

Bien qu'ayant couché ensemble, dans les bras l'une de l'autre, elles ne s'étaient pas encore parlé. On leur permit d'aller à la fontaine, dans la cour. Là, après s'être observées quelque temps du coin de l'œil, sans se départir de leur grande froideur, elles se rendirent pourtant certains petits services.

— Voudriez-vous, s'il vous plaît, m'aider à rattacher mon chignon ?

— Madame me donnerait-elle un coup de brosse là, entre les deux épaules ?

— Madame, je vous remercie...

Soudain, s'étant regardées bien en face, l'une et l'autre, en même temps, elles pouffèrent de rire.

— Quelle cuite, hier ! avoua Hortense. Dis étions-nous bêtes, toi et moi ?

— Sacré payse, va ! s'écriait l'autre, très émue.

Elle ne put que répéter, sept ou huit fois de suite, son « sacré payse. » Tout finit par un déjeuner copieux en cabinet particulier. Hortense offrit ça d'elle-même, dans sa joie, dès que le commissaire les eut relâchées. Les soixante francs y restèrent, et l'on se passa joyeusement de Gustave. Vers cinq heures du soir, Hortense et Chichie, les mains égarées, la bouche à la peau, dormaient pâmées aux bras l'une de l'autre.

UNE FEMME COMME IL FAUT

I

Sans être un don Juan, mon ami Étienne T... fut de tout temps « un grand féminin. » Sous ce rapport, la nature l'avait extraordinairement doué. Il devait cela à quelque fatalité héréditaire.

A six ans, il avait pour bonne une forte Bernoise, fraîche de teint, de sang calme, plantureuse et nonchalante comme les vaches élevées dans les gras pâturages de l'Oberland. Sans penser à mal, innocent comme l'enfant qui vient de naître, le petit Étienne passait des après-midi à palper les joues, le cou, la taille de cette fille. Il la baisait vingt fois de suite à pleine bouche, puis l'étreignait de toute la force de ses frêles membres. Un jour, dans la salle à manger, en présence de son grand-oncle qui lisait les journaux, le jeune chat amoureux, ayant grimpé le long des hanches de la Bernoise, s'était écrié à haute voix et sans savoir ce qu'il disait : « Je t'aime... parce que je te touche ! »

A douze ans, lorsqu'il fit sa première communion, il aimait, mais tout différemment, la fille d'une amie de sa mère. La petite n'avait que dix ans et demi. Celle-là, il ne la touchait pas du bout du doigt et il osait à peine lui souhaiter le bonjour en rougissant, lorsque leurs mères s'abordaient, sur le Mail, le dimanche, puis faisaient ensemble un tour de promenade. Elle et lui marchaient en avant, côte à côte ; lui raide, et gauche, sérieux, mordant la poignée en cornaline de sa canne. Enfin, au bout de trois cents pas, il se décidait à lui dire : « Quelle récréation de la méthode Lecarpentier êtes-vous en train d'étudier, mademoiselle ? »

Dix-huit mois plus tard, pendant les vacances, à la campagne, par une superbe soirée d'été, sous un ciel sans lune criblé d'étoiles et illuminé à chaque instant par des éclairs de chaleur, sur une meule de foin fauché encore bouillant du soleil de la journée, dans les bras d'une brune fille de ferme, âgée de seize ans et demi, il avait perdu sa virginité. Avec son nez en pied de marmite, la campagnarde ne rappelait en rien le type grec, et son haleine sentait l'oignon cru mangé à dîner.

Mais elle avait d'admirables petites dents serrées, des lèvres charnues, fraîches et humides ; ses deux sourcils, qui se rejoignaient, ne formaient qu'un long buisson noir touffu. Puis, les rondeurs de ce corps bien pris étaient à la fois dures et douces au toucher, comme des boules tièdes de métal poli. Et les deux enfants ne comptaient pas encore trente ans, à eux deux. Pendant la grande heure qu'ils passèrent sur leur foin, une chouette, du haut d'un chêne voisin, jetait continuellement son cri monotone et plaintif.

Malgré toute cette précocité, d'instinct de cœur, et de sens, Étienne, tant qu'il vécut dans une petite ville de province, ne progressa pas très vite dans son éducation sentimentale. Il était encore étonnamment « jeune, » lorsqu'à vingt-quatre ans sonnés, pour prendre une carrière, il dut venir habiter Paris.

II

Après divers tâtonnements, il finit par se loger aux Batignolles, tout au bas de la rue Boursault. Ce n'était pas central, mais le loyer coûtait moins cher. Puis, avait-il quelques instants à perdre, le square des Batignolles se trouvait à deux pas. Il prit bientôt l'habitude d'aller s'y promener tous les jours, vers cinq heures, lorsqu'il en avait fini avec ses occupations. Le square devint peu à peu comme son jardin particulier. Il y lisait, il y fumait, il y regardait passer les femmes. Les femmes ! Étienne en était encore à cette période de la vie d'un très jeune homme, où l'on se représente une liaison avec une femme mariée comme le paradis sur la terre, comme la plus complète, la plus intense et la plus raffinée des voluptés. Étienne, en amour, ayant le romantisme de se croire las des cocottes, las des filles du peuple aussi, vachères, bonnes ou petites ouvrières, aspirait donc à une liaison « plus haute », et regardait plus ardemment que les autres toutes celles qui lui semblaient des femmes comme il faut. Il ne tarda pas à jeter son dévolu sur une habituée du square, qui lui parut réaliser toutes les conditions du programme.

Elle était jolie. Le type de l'appétissante grasse de vingt-cinq ans, blonde. Une idéale figure, régulière, sans grande expression par exemple, ressemblant même beaucoup à ces aimables têtes coloriées qui embellissent les boîtes des confiseurs. Mais elle avait une fraîcheur de lys et de roses. Et combien de détails délicats : le nez parfait, l'oreille imperceptible, l'œil velouté, la bouche appétissante ! Et quelle façon de marcher, de s'asseoir, de se lever ! Quelle grâce à porter la toilette ! Quant à être vraiment « une femme honnête », pas un doute. Elle arrivait toujours seule au square, mais pour retrouver sa fillette, un vrai petit oiseau, de deux ou trois ans, qui sautillait en marchant, comme sur le point de s'envoler. La bonne, une Bretonne, portant encore le costume, mais déjà stylée, ne parlait à madame qu'à la troisième personne.

Étienne se persuada tout de suite qu'il aimait. Pour un Parisien tout neuf, il ne fut pas trop emprunté. Dès le lendemain du jour où, dans son for intérieur, il s'était décidé à tenter la conquête, il manqua son ministère afin d'arriver de bonne heure, et, sans avoir l'air de rien, il fit causer la Bretonne. Madame Dubreuil avait vingt-neuf ans, bien qu'elle n'en parût pas vingt-cinq. En dix ans de mariage, elle n'avait jamais eu que cette enfant. Quant au mari, M. Dubreuil, c'était un sous-chef au ministère de la marine. Étienne resta stupéfait. Sans être dans le même bureau, il connaissait parfaitement de vue ce Dubreuil, un pauvre être, rachitique, la risée de tous au ministère. Pas d'erreur possible ! La Bretonne le lui dépeignait bien tel qu'il était, avec ses yeux en boule de loto, poilu comme un singe.

Enhardi par cette découverte, à quelques jours de là, il profita de ce que madame Dubreuil, en arrivant au square, avait renvoyé la bonne à la maison. Il s'installa tout à côté d'elle, sur une chaise. Elle lisait un roman d'Octave Feuillet ; lui, du bout de sa canne, se mit à dessiner lentement des ronds sur le gravier. Puis, ôtant son chapeau, après s'être un peu passé la main dans les cheveux, tout à coup, au moment où madame Dubreuil tournait une page, il lui adressa la parole avec une politesse réservée, et lui demanda le nom d'abord, puis l'âge, de cette gracieuse enfant « qui ressemblait à sa mère. »

La glace une fois rompue, le roman d'Octave Feuillet servit de transition pour arriver à parler sentiment, passion, union des âmes. Au bout d'une heure de cette conversation, quand on se leva pour partir, la jeune femme accepta son bras jusqu'à la porte du square. Là, il offrit à la petite une tasse de lait de chèvre.

Avec son mouchoir, la mère essuyait la bouche de l'enfant. La chèvre bêlait. Mais madame Dubreuil ne voulut jamais accepter une tasse pour elle. Elle riait beaucoup, de son rire clair, gai comme le son d'une pluie de louis d'or tombant dans un plateau d'argent.

— Alors, puisque vous n'acceptez rien, je vais vous embrasser.

— Ici ? malheureux ! ! !

— Eh bien, ailleurs !... Oh ! je vous en supplie !... Ailleurs !

— Nous verrons... Plus tard...

Sans trop de difficulté, Etienne obtint que madame Dubreuil viendrait chez lui le lendemain, à quatre heures très précises, « heure militaire ».

III

Le matin, il se rendit comme d'habitude à son ministère. Vers trois heures, il voulait partir. Mais son chef de bureau le fit appeler, le retint longtemps. Tout s'en mêla. Le cheval du fiacre où il sauta, marchait comme une tortue : il n'arriva chez lui qu'à quatre heures dix. Depuis dix minutes, madame Dubreuil, tranquillement assise dans la loge de la concierge, attendait.

Dans cette bonne fortune inespérée, Étienne devait avancer de surprise en surprise. Cette femme, qui lui avait cédé si facilement, était un corps admirable. Un vrai Stradivarius d'amour, pour un Paganini comme lui. Mais, dans l'exaltation du triomphe, il lui resta assez de lucidité pour s'apercevoir que le Stradivarius n'avait pas d'âme. Sous ses caresses les plus ardentes, madame Dubreuil restait un marbre. Elle n'avait pas fini de remettre sa toilette devant l'armoire à glace, qu'Étienne avait fait une autre découverte : elle lui serait profondément indifférente, toujours. Étaient-ce là les âcres et surhumaines amours coupables qu'il avait rêvées ?

— C'est aujourd'hui mardi ? dit-elle du seuil de la porte ; à vendredi !... Ne me fais plus attendre, n'est-ce pas ? Je n'aime guère poser... Et même, si ça t'allait, nous pourrions convenir de tous les mardis et vendredis, à la même heure !

IV

Plusieurs mardis et vendredis se succédèrent; Étienne, pour s'expliquer la froideur de madame Dubreuil, avait d'abord cru à l'émotion naturelle d'une première faute. Il sut bientôt qu'il n'y avait rien à espérer, même de la sécurité tranquille de l'habitude. A la pauvre jeune femme manquait décidément un sens. Outre que cette froideur amoureuse naturelle réagissait sur Étienne, celui-ci en arriva à se demander ce qu'elle venait chercher chez lui. Pourquoi tromper son mari aussi consciencieusement et sans remords ? Deux fois par semaine, elle montait quatre étages, se déshabillait, se mettait au lit, se rhabillait : quelle corvée pour une personne de cette organisation ! Et, pour en avoir le cœur net, un certain vendredi, il s'en expliqua ingénument avec madame Dubreuil. Moins étonnée que distraite, celle-ci le laissa développer son interrogation. Lui, s'efforçait d'être clair, ne recourant qu'à des termes choisis, convenables et sérieux, presque médicaux. Elle, comme si on lui eût parlé une langue qu'elle ne savait pas, attendait patiemment qu'il eût fini, en feuilletant un album.

Puis, elle lui expliqua doucement qu'il ne fallait point s'exagérer son insensibilité. Elle croyait bien avoir éprouvé ce dont parlait Étienne, deux ou trois fois par an, peut-être, seulement avec son mari. Et comme le jeune homme semblait abasourdi, elle ajouta :

— Mon mari ! je ne l'ai certes jamais trouvé beau ! Mais au bout de neuf ans, mon ami, tu comprends : on finit par avoir habitude l'un de l'autre.

V

A sept heures du matin, le mardi suivant, un coup de sonnette discret le fit sauter du lit, et il alla ouvrir, en robe de chambre. Une atroce mégère lui remit ce billet de madame Dubreuil :

« Mon Étienne,

» Voici une marchande à la toilette, à qui je
» dois une note de huit cent cinquante francs,
» que mon mari ne sait pas. C'est de cet hiver, où
» je suis allée un peu dans le monde. Me voilà
» ennuyée, cette femme me tourmente. Si tu ne
» peux la régler, donne-lui au moins un acompte,
» pour la faire attendre.

» Ta chérie qui t'embrasse. »

Étienne, de très mauvaise humeur, ferma la porte au nez de la mégère. Il comprenait, maintenant. Il n'entendit plus parler de madame Dubreuil, qui l'a guéri à jamais des cocottes mariées.

UNE RUINE

I

Madame Hermance, une femme du *Rat-Mort*, très comme il faut, mais pas jeune, et toute couperosée, rentrait chez elle, rue Mosnier. Elle entr'ouvrit la porte de la loge.

— Pas de lettres?... Pas de dépêches?

La concierge répondit pas un signe de tête négatif.

— Personne n'est venu ?

Même réponse. Et on lui passa son journal, un journal financier.

Alors, de son pied cambré et bien chaussé, resté vif, elle monta l'escalier quatre à quatre. Son époux, « pauvre vieux chéri », devait venir la prendre pour dîner. Quand il ne télégraphiait pas, il était exact; c'était son jour, toujours le même depuis vingt ou vingt-cinq ans.

Au second étage, elle échangea quelques paroles avec la mère Bastien, qui partait pour le marché, son énorme panier à la main. Elle avait le nez bien soucieux, la mère Bastien. De ses quatre chambres meublées, deux seulement se trouvaient louées, « à des femmes qui payaient bien ». La belle, de deux cents francs, et la petite bleue, de soixante, restaient inoccupées.

— Vous penserez à m'envoyer quelqu'un, madame Hermance, vous qui connaissez du si beau monde !

— Si vous croyez que c'est facile... Patience ! je m'en occuperai.

— C'est que ça presse... A cause du terme !

— Comptez sur moi.

Enfin madame Hermance arrivait au quatrième, sa clef à la main; tout d'un coup, elle se jeta de côté, en relevant ses jupes.

— Allons, bon ! voilà mon imbécile de bonne qui aura laissé faire des saletés à Zézette !...

En effet, un mince filet d'urine sorti de l'appartement, formait une petite mare au bord de la première marche. Ça commençait à s'égoutter dans l'escalier. Comme elle allait la battre, aujourd'hui, cette malpropre, cette bête de petite chienne ! Choisir pour ses inconvenances le soir même où sa maîtresse attendait « pauvre vieux chéri », si délicat, lui, et si méticuleux. Elle tourna coléreusement la clef dans la serrure.

II

Dans un coin de l'antichambre déjà obscure, une grosse dame assise attendait, son petit sac passé autour du bras.

— Que faites-vous donc là, vous? Qui êtes-vous?

La grosse dame voulut remuer, parler. Elle était comme figée dans sa corpulence, et les mots ne sortaient pas.

Impatientée, madame Hermance appela. Sa domestique, arrivant de la cuisine avec de la lumière, expliqua que cette personne avait voulu à toute force attendre madame.

— Eh bien! vous ne me reconnaissez pas? articula enfin l'énorme personne, péniblement, d'une voix lourde et pâteuse.

— Comment! vous seriez?... Non! vous n'êtes pas madame Boreau?

Et madame Hermance écarquillait ses yeux perçants. Comment! cette madame Boreau, jadis limonadière du *Châlet des fleurs*, coquet et galant café, rendez-vous des officiers de toutes armes composant la garnison de Fontainebleau ! cette belle madame Boreau, coqueluche de plusieurs promotions de l'école d'application, artillerie et génie, tous fils des premières familles de France, sortis de Polytechnique ! cette brillante et passionnée madame Boreau, enrichie par les graines d'épinard et si bonne en même temps pour maint adjudant sans fortune ! Fallait-il en croire ses yeux ? En trois ans, elle était donc devenue ça !

Et madame Hermance la détaillait. D'abord, un empâtement de traits, plus de taille ! Elle ne s'y arrêta pas, elle, n'ayant rien à craindre de ce côté, maigre à perpétuité, sèche comme une allumette. Mais, ce qui la frappait, c'était l'expression extraordinaire de ce visage raidi, surtout ce regard comme hébété, pensant à autre chose. Elle lui demanda si elle ne relevait pas de maladie.

Au lieu d'avouer sa récente attaque de paralysie, madame Boreau ne parla que d'une foulure au pied, qui, disait-elle, lui rendait la marche difficile. Elle vanta même son appétit; soudain, au milieu de sa phrase, sans motif, ses yeux se mouillèrent. Et madame Hermance s'aperçut alors de ceci : entrée depuis un moment, l'innocente Zézette flairait les jupes de madame Boreau. Horreur! ce qui avait coulé jusque dans l'escalier, sortait de là-dessous. Dans sa repoussante infirmité, la malheureuse ne se doutait de rien.

III

— C'est que je ne peux pas vous garder plus longtemps! dit madame Hermance en respirant son flacon de sels.

Un dégoût venait d'emporter sa compassion, même ses curiosités. L'autre faisait mine de ne pas entendre.

— Il faut partir tout de suite! répéta-t-elle.

Elle attendait quelqu'un; elle lui accorderait plus de temps une autre fois.

Madame Boreau semblait vissée sur sa chaise. Maintenant, elle avait recouvré le plein usage de la parole; en soufflant comme un phoque, elle s'efforçait d'intéresser à son sort cette ancienne cliente. Hermance se souvenait-elle du *Chalet des fleurs?* N'est-ce pas, c'était bien tenu? « Vous y avez passé de bons moments, vous! des trois ou quatre jours de suite, en cachette de *pauvre vieux chéri?* Et notre fameuse partie de Barbizon, à cheval, nous deux, avec deux capitaines du train? Mes enfants! quelle cuite! » Une telle cuite, qu'ils avaient dû revenir en voiture, une roue ayant failli se briser contre un marronnier de la forêt; quelle secousse et quelle peur! Puis, on avait ri! Tout cela, c'était le bon temps. Hélas!

Hermance, heureusement pour elle, ne se doutait pas combien c'était dur de tout perdre à la fois : santé, plaisirs, position.

Ici, les yeux de madame Boreau coulèrent comme une fontaine: Le nez toujours sur ses sels, mais reprise de commisération et de curiosité, Hermance la laissa parler encore.

Un fils de général, oui ! Hermance, un comte, pour de vrai, lui avait emporté dix mille francs. Tout était tombé sur elle, à la fois. Des sommes considérables à payer coup sur coup, pour son mari enfermé dans une maison d'aliénés. Un vol ! cinq cents francs qu'un sergent-major lui avait pris dans son tiroir, pendant qu'elle marquait des heures de billard ! Pour un simple billet protesté, le *Châlet des fleurs* vendu. Depuis, rien ne lui avait réussi. Tout récemment, à Trouville, déjà malade, elle avait encore tenté quelque chose ; son associé, un officier d'administration en retraite, l'avait dépouillée de ses dernières ressources. Aujourd'hui, sans un sou, ne connaissant plus personne, sans domicile, partie la veille d'un hôtel, sans régler, avec un peu de linge qu'elle avait là dans une serviette, et ce sac contenant des papiers, elle venait la supplier...

— Tenez, voici ce que je puis faire ! s'écria madame Hermance.

Et elle lui mit une pièce de cent sous dans la main.

Maintenant, vous savez, j'attends mon époux... Vous reviendrez!

Mais la malheureuse, au lieu de partir, parlait de se coucher là, à terre, sur le parquet. Où irait-elle avec cent sous? Elle n'était pas une mendiante, il lui fallait un asile de quelques jours, « en attendant d'avoir trouvé une place de dame de compagnie ». Si on la mettait dehors, il faudrait qu'on la descendît au bas de l'escalier, comme la boîte aux ordures. Elle poussait des hurlements étouffés, qui firent aboyer Zézette. Et « pauvre vieux chéri » par là-dessus pouvait arriver d'un moment à l'autre, lui qui n'aimait pas les scènes. Décidément, madame Hermance se trouvait joliment embarrassée.

Ce fut, soudain, comme une inspiration d'en haut.

— Le fils d'un général, vous a emporté dix mille francs : auriez-vous un papier constatant la créance ?

Un billet? non! Mais madame Boreau devait avoir la correspondance du jeune prodigue. Et, ouvrant son sac, elle en sortit une liasse de petits papiers jaunis : lettres, cartes de visite, photographies graisseuses, vieux billets à ordre. Elle commençait là dedans une recherche.

— Ça suffit! s'écria madame Hermance, ayant flairé d'un coup d'œil expérimenté toute cette paperasse. Renfermez vite ça et venez. Je vous ai trouvé votre affaire !

Elle la conduisit séance tenante au second étage. La mère Bastien n'étant pas rentrée, elle parla à la fille. Quand la mère revint du marché, la nouvelle locataire se trouvait déjà installée dans la petite chambre bleue.

IV

Dans la chambre bleue, à part quelques taches inévitables sur le parquet et sur la descente de lit, — avertie de l'infirmité, la mère Bastien avait la précaution de disposer la nuit une toile cirée, — madame Boreau se comporta très sagement. A table, comme on ne voyait pas encore la couleur de son argent, elle eut le tact de se montrer moins exigeante que les deux autres pensionnaires. Un peu dégoûtées les premiers jours, ces dames exigeaient que leur couvert fût mis très loin du sien. Mais, le café servi, comme madame Boreau tirait remarquablement les cartes, il y avait bientôt rapprochement.

Puis, dans le courant de la soirée, le tapis de la table remis, lorsque, apportant son fameux sac, madame Boreau en vidait le contenu devant ces femmes, le commencement de sympathie se changeait en respect. Que d'éloquents souvenirs dans ce fouillis de lettres, de cartes, de papiers timbrés, de photographies ! Rien que de belles connaissances ! Tous comtes, marquis, ou porteurs d'épaulettes ! Un lieutenant-colonel de gendarmerie, dans le tas, et un officier de marine ! Enfin, il n'y avait pas à dire, toutes sortes de preuves palpables que cette ruine pas ragoûtante avait été une femme au-dessus de l'ordinaire. Par exemple, un contrat de mariage, un vrai ! Une lettre de notaire, l'avertissant de passer à l'étude, pour toucher trente mille francs à la fois ! Un billet tendre où le fils d'un général lui en empruntait dix mille, en l'appelant « ma Providence » !

Devant ces reliques d'un grand passé, la mère Bastien et sa fille se sentaient rassurées. Elles eussent préféré de l'argent comptant. Mais puisque madame Hermance avait certifié qu'il n'y avait rien à craindre, on pouvait bien y aller d'un peu de crédit. D'ailleurs, madame Boreau ne s'endormait pas. Pour recouvrer les vieilles créances, dans l'espoir de se créer quelques ressources, elle se mit à écrire tout de suite au ban et à l'arrière-ban de ses anciens.

Les deux autres pensionnaires l'aidaient dans cette correspondance. Pour avoir les adresses, la petite Bastien alla emprunter dans un café l'*Annuaire militaire*. En moins d'une semaine, vingt-cinq lettres, de diverses écritures et d'orthographe variée, furent ainsi jetées à la poste, la plupart non affranchies. « Pas besoin de trois sous pour celui-ci ! il sera trop heureux d'avoir des nouvelles de sa chérie. » Puis, toute cette activité épistolaire déployée, il n'y eut plus qu'à attendre.

V

Quinze jours d'abord s'écoulèrent, puis un mois, puis deux. Le facteur n'apportait rien pour madame Boreau. La mère Bastien commençait à faire son nez. Bien des fois, elle était montée au quatrième : Hermance ne s'y trouvait jamais. La mère Bastien parlait d'aller la relancer au café du *Rat-Mort*. Lorsqu'un soir, pendant que l'on était encore à table, retentit un bruyant coup de sonnette. Un tout petit homme, en blouse bleue, demandait madame Boreau.

— Ah ! monsieur, elle vous attend... Donnez-vous la peine d'entrer.

Madame Boreau se leva, émue. C'était un marchand de fromages, établi à Fontainebleau. Elle lui avait écrit comme aux autres, dans le tas, prétendant lui avoir vendu jadis un cheval. Devant tout le monde, ils se donnèrent une poignée de main. Ils ne s'étaient pas vus depuis des années. Et ils restaient là, au milieu de la salle à manger, debout l'un devant l'autre, silencieux, un peu gênés. La mère Bastien les engagea alors à passer dans leur chambre, s'ils avaient quelque chose à se dire.

Au bout de trois quarts d'heure, madame Boreau et le marchand de fromages sortirent de la chambre bleue. De son pas raidi de paralysée, elle le reconduisait elle-même jusqu'à la porte de son appartement. On entendit un bruit de baiser. Puis, la porte refermée, elle alla trouver la mère Bastien dans la cuisine.

— Tenez ! dit-elle en lui mettant dans la main deux pièces de cent sous, c'est encore le plus gentil de tous, celui-là... Tout le monde ne m'en ferait pas autant, allez !

L'ANCIENNE

I

Il y aura quinze ans en octobre, Georges Maubrun, alors tout jeune et bachelier ès sciences de la session d'août, vint à Paris faire sa médecine. Son oncle, M. Maubrun, colonel en retraite, qui s'ennuyait en province, l'accompagna et consacra trois semaines à lui faire visiter militairement la capitale, les monuments, « le musée d'artillerie *surtout* et les Invalides, » puis à l'installer dans le quartier Latin. Il lui loua, dans une maison d'aspect sévère, un chambre donnant sur des jardins, lui choisit une pension tranquille, lui prit sa première inscription et le recommanda aux professeurs.

Enfin, le soir du dernier jour, après une promenade à petits pas sur les boulevards, M. Maubrun attablé avec son neveu sur la terrasse du café de la Paix, lui fit de suprêmes recommandations :

— Tu vas rentrer chez toi, sagement... Moi, je ne te reverrai plus; demain matin, je file de l'hôtel, pour prendre le train.

Et, après une pause :

— Tu es un homme, maintenant !... Travaille, sacrebleu ! travaille...

Il secoua brusquement la cendre de son cigare. Le trottoir devant eux flambait; on y voyait comme en plein jour. Il passait à chaque instant des femmes, en robes voyantes, au visage blanc de poudre de riz, aux lèvres trop rouges. Georges ne les regardait pas ; mais le colonel en retraite les suivait du coin de l'œil. Tout à coup, après avoir énergiquement toussé, s'adressant à son neveu, d'une voix brusque :

— Et, si tu veux arriver à quelque chose, enfin parvenir, retiens bien ceci : Méfie-toi des petites filles... Tout est là !

II

Georges Maubrun, ayant embrassé son oncle, remonta le boulevard, tout seul, la bride sur le cou. Il était enfin un homme, et il fallait se méfier des « petites filles »; tout était là ! Une justice à lui rendre, c'est qu'il n'accorda pas grande attention à celles qui se pavanaient autour de lui, peintes et plâtrées. Mais, devant le bureau d'omnibus, où il venait de prendre son numéro pour l'Odéon, il remarqua une jeune blonde vraiment fraîche et jolie, vêtue en ouvrière. Elle attendait également l'omnibus. Quelques gouttes commençant à tomber, Georges lui offrit d'attendre sous le même parapluie, et lui demanda « son petit nom ». Elle s'appelait Célestine et demeurait à Montmartre. Elle n'était pas timide, ses grands yeux clairs vous regardaient bien en face; mais de subites chaleurs roses lui enflammaient souvent les joues; elle se détournait alors un peu, avec un joli mouvement de pudeur coquette. Le timbre de sa voix était d'une douceur claire et chantante. Invinciblement attiré, fou de joie, ayant oublié son oncle, Georges n'hésita pas à tourner le dos à l'Odéon.

Assis à côté d'elle, dans l'omnibus, il lui parlait tout le temps du trajet, en lui gardant la main dans la sienne. Ils descendirent à la place Pigalle. Georges décida, non sans peine, Célestine à prendre quelque chose dans un café. Puis, il la supplia « de lui laisser voir sa petite chambre ».

Ce n'était qu'un cabinet meublé de vingt francs, au lit étroit. Georges, une fois là, fut très éloquent. Quand il eut obtenu l'autorisation « de ne pas retourner si tard au quartier Latin », ce fut soudain à son tour d'être timide, embarrassé, A la fin, il se décida :

— Tenez ! je ne suis pas riche... murmura-t-il.

Et il voulut lui glisser dans la main une pièce d'or, tirée en cachette de son porte-monnaie. Mais Célestine repoussa la pièce :

— Non ! nous reparlerons de cela... Plus tard... Une autre fois !

Elle rougissait. Lui, la prit alors dans ses bras, la dévorant de caresses. Il voulut l'aider à déboutonner ses bottines ; Célestine s'y refusa : elle avait des bottines percées.

III

Le lendemain, au lieu de se quitter, ils reprirent l'omnibus, cette fois dans la direction de l'Odéon. Célestine habita cette nuit la chambre louée dans une maison sévère. On donna congé à Georges Maubrun. Quand il déménagea, au bout de la quinzaine, il était toujours avec Célestine, qui, pour lui, avait quitté la rive droite et le cabinet meublé.. Décidément, c'était du sérieux. Cela dura trois mois.

Trois mois heureux d'insouciance et de belle paresse, trois mois légers, qui glissèrent très vite et que Georges, depuis, a toujours regrettés. Il ne mit pas les pieds au cours. La médecine, dont il avait pourtant demandé à ses parents de faire sa carrière, lui semblait une chose absolument inutile et sans objet, tant il se sentait débordant, lui, de santé, de sève, de jeunesse. Une carrière, à quoi bon? Plus tard, on verrait. Mais plus tard, c'était là-bas, très loin. Il ne fallait pas s'en préoccuper maintenant, ni se distraire de l'ivresse de se sentir vivre.

Il ne se demandait pas s'il aimait Célestine. Ne s'adressant même aucune question à son sujet, il ne pensait point au lendemain. En brute, ou en sage, il la prenait comme elle était, ne cherchant qu'à savourer à longs traits la réalité, à s'absorber tout entier dans la possession de l'heure présente.

Insensiblement, il « s'accoutumait » à elle. La regardait-il, il lui semblait que ce port de tête et cette nuque élégante, cette nuance cendrée des cheveux, ces yeux brillants, ce nez régulier aux petites narines frémissantes, le grain de cette peau de blonde d'une transparente blancheur, — jusqu'aux imperceptibles taches de son, qui, vers les tempes, doraient un front étroit, — il lui semblait que tout cela, fait exprès pour lui, c'était la femme par excellence, celle qui s'adaptait merveilleusement à sa propre constitution. Tandis que les autres, celles qu'il rencontrait dans la rue, au café, au théâtre, dans l'escalier de sa maison meublée, même les plus belles, malgré l'attrait de l'inconnu et la menterie de la toilette, lui inspiraient si peu de désir, qu'elles lui paraissaient appartenir à un autre sexe que sa maîtresse.

Jusqu'à ce nom de Célestine, qui l'avait agacé le premier jour, qu'il trouvait simple et doux maintenant, après l'avoir trouvé niaisement idéaliste. Des goûts qu'il ne se connaissait pas, lui étaient nés. Par exemple, au collège, où des aptitudes personnelles l'avaient fait opter pour les sciences, il s'était toujours montré indifférent aux vers, aussi bien aux français qu'aux latins. La « rime » le laissant aussi froid que la « quantité » il n'avait jamais pu se défendre d'un dédain intellectuel à l'égard d'écrivains employant leur génie à un travail de marquetterie, faisant profession de « chanter » au lieu de penser. Eh bien, maintenant, sur les bancs du Luxembourg, où il allait souvent lire l'après-midi, en compagnie de Célestine, qui lui avait commencé une blague au crochet, ne dévorait-il par les *Contes d'Espagne et d'Italie!* Il sut bientôt par cœur les *Nuits* et les stances à la Malibran. Mais, lorsqu'il chercha un autre poète que Musset, Baudelaire ne fit que l'étonner. Puis, passant encore à un autre, il n'acheva pas les *Émaux et Camées,* dont la marmoréenne virtuosité lui semblait de glace. La blague au crochet de Célestine, non plus, ne fut pas achevée.

IV

Un soir de carnaval, les masques faisaient du vacarme sur le boulevard Saint-Michel. Célestine, sur qui cette période de saturnales exerçait depuis quelques jours une néfaste influence, sortit seule à onze heures moins le quart, sous prétexte d'aller acheter de la soie. Avant de descendre, elle embrassa Georges tendrement.

— La mercerie de la rue Racine sera encore ouverte... Mon chéri, je reviens...

Et, toute rougissante, elle se sauva, sans fermer la porte. Il y avait bal de nuit à Bullier. Elle ne revint pas.

Après une nuit d'attente à la fenêtre — comme dans Musset — penché en dehors, écoutant, tâchant de reconnaître un pas, Georges, vers le matin, n'y tint plus. Il sortit, courut d'instinct jusqu'à Bullier. Quatre Alphonses, éreintés, et autant de petit souillons, dansaient la polka finale. Pas de Célestine ! Il rentra, ressortit, passa la journée à fouiller des brasseries. La nuit venue, il alla avec des camarades « à *la Source* », où, affectant d'être gai, il but des bocks jusqu'à la fermeture. Chez lui, vers deux heures du matin, il trouva l'armoire à glace ouverte, la chambre sens dessus dessous. Célestine était venue enlever ses affaires.

Dormir au milieu de ce fouillis, seul ! Georges n'en eut pas le courage. L'œil sec, la peau brûlante, secoué de tressaillements fébriles, il sortit de nouveau. Quelques grosses gouttes de pluie lui firent du bien. Devant lui, sur le trottoir mouillé, une femme relevait ses jupes, marchant à petit pas. Il lui parla.

Une fois chez celle-ci, dans un lit inconnu, la bougie éteinte, il commença à voir clair en lui. La femme s'aperçut qu'il pleurait. Elle voulut le prendre dans ses bras, naïvement, pour le consoler. Georges préféra se rhabiller.

V

Pendant plusieurs semaines, il vécut tout à son idée fixe, ne mangeant plus, perdant le sommeil, fuyant ses camarades, passant les nuits à courir après Célestine.

Il retrouva sa trace. Entraînée par l'exemple de ses amies, cédant à des dispositions naturelles,

Célestine était devenue cocotte. La première fois, du plus loin qu'elle l'aperçut, elle prit la fuite. Puis, voyant que Georges n'était pas bien terrible et avait un certain tremblement dans la voix en parlant, elle devint moins farouche, accepta des invitations. Georges passa encore des nuits avec elle, mais sans le charme d'autrefois. « On me l'a positivement changée! » se disait-il. Même physiquement, elle n'était plus la même. La noce l'avait amincie, affinée. Maintenant elle portait des toilettes qui lui allaient à ravir. Les autres l'eussent trouvée plus séduisante, lui pas! Peu à peu il « se déshabitua » de l'aimer : lui, restait fidèle à « l'ancienne. »

Cette ancienne, avec laquelle il avait passé trois mois heureux et qu'il ne reconnaissait plus en Célestine, Georges se mit à la chercher ailleurs. Pendant des années et des années, il fouilla, à droite, à gauche, en haut, en bas, : l'hiver, ici, dans la fourmilière parisienne ; l'été, en province, sur des plages courues ; et au fond des petites villes où l'herbe pousse mélancoliquement entre les pavés ; et en pleine campagne, au fond de véritables solitudes. Il la poursuivit dans toutes les conditions sociales, au fond des divers tempéraments, et sous maintes nationalités. Parfois, une minute, une nuit, une semaine, il s'imaginait l'avoir enfin rencontrée. Puis douloureusement, ses yeux se dessillaient : ce n'était pas elle!

Même, ayant depuis longtemps perdu tout espoir, il continue sa poursuite, par habitude. Aujourd'hui, docteur de la faculté de Paris, spécialiste devenu à la mode, mari d'une femme riche, mais laide, et d'une laideur bête, Georges Maubrun cherche encore.

LES AMANTS

CHÉRUBIN

I

Un tout jeune homme, mince, grand, blond, distingué d'allures, très blanc de visage, avec une fine moustache naissante et des yeux un peu cernés, sonna timidement à la porte de la villa. Il tenait un énorme bouquet de roses.

Introduit au salon du rez-de-chaussée, il adressa un profond et respectueux salut à madame d'Aigremont, qui lisait, assise entre le piano et la fenêtre. Et il restait là devant elle, gauche et gêné, ne sachant que faire du bouquet, sentant battre son cœur, incapable de trouver un mot.

— Oh ! les magnifiques roses !... Vous êtes vraiment gentil pour moi... Merci, Daniel.

Et Thérèse d'Aigremont se leva, pour mettre

tout de suite les fleurs dans l'eau fraîche. En passant près de Daniel, le bas de sa robe effleura le pied du jeune homme. Lui, fut pris d'un tremblement. Et il ne répondait que par monosyllabes aux questions de la jeune femme.

— Votre mère va-t-elle bien ?
— Oui.
— Est-elle disposée à descendre sur la plage ? Irons-nous jusqu'à Deauville ?
— Comme vous voudrez !
— Viendrez-vous avec nous ?
— Je ne sais...

Et il se sauva le plus tôt possible, en prenant à peine congé.

Restée seule, Thérèse continua sa lecture. Mais elle avait des distractions. Il faisait une température lourde. Le soleil se cachait à chaque instant. Vers trois heures, le coup de sonnette du facteur. Une lettre de son mari ! Elle la décacheta avidement. Une désillusion ! Philippe retardait encore son arrivée : des affaires, le retenaient à Paris. Aucun détail ; quatre lignes contraintes et froides.

Puis le temps se gâta tout à fait, et bien qu'on fût en juillet, une sorte de pluie d'hiver commença à tomber, continue, monotone. Montée au premier étage, dans sa chambre, la jeune femme regardait mélancoliquement par la fenêtre.

La promenade ? Il n'y fallait plus songer ! Devant elle, sous ses yeux, toute la plage de Trouville, depuis les cabines des Roches-Noires jusqu'aux tentes du Casino, était changée en une mare déserte. Et madame Renaud, l'excellente femme qui lui avait loué la villa, ne viendrait jamais par un pareil temps, pas plus que le jeune Daniel. Elle se sentait seule, abandonnée. Une sorte de pluie intérieure, ennuyeuse et grise comme l'autre, lui semblait couler en elle, continuellement.

Vers six heures et demie, elle descendit pour le dîner, comme d'habitude. Elle touchait à peine à ce qu'on lui servait. Remontée dans sa chambre, quand la lampe fut allumée, elle prit un buvard et commença une lettre à son mari. Mais, quand elle eut écrit la date, puis ces mots : « Mon cher Philippe », elle resta à court.

Elle en avait trop sur le cœur, et des choses qu'il lui coûtait de dire. Elle ne se sentait plus aimée. Des larmes lui montaient aux yeux, et une fierté l'empêchait de les laisser couler. Des jalousies, plus même que des soupçons, des certitudes, la déchiraient, mais elle ne voulait pas pousser de cri. A quoi bon, d'ailleurs ? Ne venait-elle pas d'avoir trente ans ? Est-ce que tout n'était pas fini pour elle, à jamais ? Sa jeunesse ? Eh ! le matin, elle s'était trouvé encore des cheveux blancs. Elle n'aimerait plus, elle n'avait peut-être jamais aimé. Tout était vide, faux, inutile. Et elle déchira lentement la feuille de papier à lettre, en petits morceaux, puis se leva, pour jeter cela par la fenêtre.

Il ne pleuvait plus. Une fraîche odeur de seringa et d'héliotrope montait du jardin mouillé. Et, par-dessus la haie formant clôture, Thérèse distingua quelqu'un, debout, un grand jeune homme frêle à la taille élancée. Elle reconnut Daniel.

Depuis longtemps Daniel était là, dans l'ombre, ne sentant pas les gouttes d'eau que des branches lui secouaient en plein visage, guettant la fenêtre éclairée de madame d'Aigremont. Il serait resté toute la nuit. Mais, délicieusement troublé par l'apparition de la jeune femme à la fenêtre, il fit quelques pas sur la pointe du pied, puis se sauva en courant, comme un voleur.

II

Cette après-midi-là, par un temps radieux, M. Daniel Renaud, né au Havre, fils unique d'une veuve très riche, mineur encore, bachelier de l'avant-dernière saison, était certainement le jeune homme le plus heureux de Trouville-Deauville, où se trouvaient pourtant tant d'heureux de la vie, à l'approche des courses. En marchant

sur « les Planches », au milieu de la brillante
cohue de ce beau monde, lui, en plein ciel,
n'était pas bien sûr de ne pas marcher sur les
nuées. Songez donc ! sa mère étant au Havre
pour deux jours, il accompagnait seul madame
d'Aigremont et lui donnait le bras.

Ils allaient à petits pas. Languissante et pâle
depuis quelques semaines, la jeune femme semblait
mieux portante. Sa toilette claire l'avantageait,
et un délicieux chapeau rose donnait de
l'éclat à son teint. Lui, ne se sentait plus timide,
peut-être parce qu'il passait beaucoup de monde.

Portant haut la tête, ne perdant pas une ligne
de sa taille, il faisait l'homme, causait gravement.
Sur Paris, sur certains salons, sur « la société »
au milieu de laquelle il brûlait de faire
son entrée et de jouer un rôle, il adressait mille
questions sérieuses à madame d'Aigremont. Elle,
lui répondait tout de travers. Et, devant le Casino,
le « tu-tu » perçant de la trompette des
Petits-Chevaux leur fit dresser la tête.

Elle voulut entrer, joua, choisit le cheval 7 qui
s'arrêta au poteau deux fois de suite, gagna la
la poule d'honneur. Puis, quand elle eut reperdu
l'argent gagné, elle empêcha Daniel de jouer à
son tour.

— C'est si vilain, cette passion-là, croyez-moi...
Comme toutes les passions en général,
d'ailleurs !

Elle se faisait maternelle ; maintenant, c'était elle qui parlait avec gravité. En continuant leur promenade sur les Planches, prise d'un réel besoin de le moraliser, elle poussa un long soupir.

— Si vous saviez, vous autres, jeunes gens !... Si vous écoutiez au moins les personnes qui connaissent la vie, qui ont souffert, et qui peuvent vous porter de l'intérêt.

Arrivés jusqu'à la Toucque, ils s'engagèrent sur la jetée. Là, ils marchaient au milieu des vagues, comme suspendus, ayant la mer à droite, à gauche, sous leurs pieds ; par les écartements du plancher, ils voyaient bouillonner de l'écume. Et, s'appuyant plus fort sur son bras, Thérèse se pressait contre lui. Elle en était à lui vanter l'affection pure d'une sorte de sœur aînée.

Tous les deux, par exemple, s'ils voulaient ! S'ils savaient se comprendre ! Et, comme ils étaient au bout de l'estacade, ils s'assirent l'un à côté de l'autre, sur le banc circulaire adossé au phare.

— Daniel !... Daniel ! il faudrait aussi... que cela ne finisse jamais. Et ce serait une existence délicieuse d'ange au Paradis...

Le vent salé qui soufflait du large, emportait un peu ses cheveux, rendait plus humide son regard, donnait à sa voix une saveur extraordinaire. Devant leurs yeux, dans une gloire, le soleil se couchait. Et, à droite, depuis longtemps, coupé en deux par l'horizon, une petite aigrette de fumée bleuâtre indiquait le bateau du Havre, arrivant à toute vapeur.

Bientôt l'aigrette grandit, se rapprocha et l'on commençait à distinguer la cheminée, le pont et la dunette.

Quittant leur banc, Thérèse et Daniel vinrent se pencher sur le parapet de la jetée. La main dans la main, ils attendaient. Dans quelques minutes, le vapeur passerait devant eux, et ils assisteraient à son entrée dans le goulet.

Déjà, sur le pont, noir de passagers, on reconnaissait un grouillement. Des mains agitaient des mouchoirs ; on distinguait des visages.

Enfin, crachant de la fumée et laissant une trainée d'écume, le grand bateau chargé de monde arriva devant l'estacade. Tout à coup au moment où il s'engageait dans le goulet, la main de Thérèse lâcha celle de Daniel. Madame d'Aigremont était devenue toute pâle et tremblait.

Là, à quelques mètres, elle voyait son mari, debout sur le pont, en compagnie d'une femme à toilette tapageuse, très blonde, qu'elle connaissait bien.

M. d'Aigremont et la toilette tapageuse l'avaient également reconnue.

III

Daniel passa une nuit brûlante. Toujours il se revoyait sur la jetée avec Thérèse, toujours il sentait la petite main de la jeune femme dans la sienne. Le lendemain, dès neuf heures, il était habillé pour se rendre à l'invitation à déjeuner que Thérèse lui avait faite la veille. Aussi dut-il perdre deux heures à se promener sur la plage.

Quand il put enfin se présenter, il entra directement, en ami de la maison. Mais comme il allait ouvrir la porte du salon, un bruit lui fit prêter l'oreille. C'était la voix de Thérèse irritée :

— Je vous dis que vous étiez avec cette femme... Voilà six mois qu'elle est votre maîtresse, et vous ne vous êtes pas senti la force de me donner huit jours sans elle.

Une voix d'homme répondait :

— Moi, je vous répète que je ne la connais pas... Un simple hasard nous a rapprochés sur ce bateau.

Un silence se fit, puis la voix d'homme continua :

— Quant à ce jeune homme dont vous teniez la main...

Mais Thérèse coupa court par ce cri :

— Vous êtes fou, monsieur, un enfant !

Alors Daniel entra. Madame d'Aigremont le présenta à un grand monsieur, jeune encore et de tournure militaire :

— Monsieur Renaud, le fils de notre propriétaire...

Puis, présentant l'inconnu à son tour :

— Monsieur d'Aigremont...

Le déjeuner fut plein de gêne. Philippe, malgré son usage du monde, était visiblement irrité. Cependant Thérèse semblait avoir vaincu sa colère. Elle souriait et témoignait les plus aimables attentions à Daniel. Celui-ci, grisé, ne la quittait plus du regard, si naïvement passionné que le mari s'en apercevait, et regardait lui aussi sa femme, comme s'il ne l'eût pas connue, si adorablement brune, encore toute florissante de jeunesse. Pourtant, en quittant la table, Philippe répéta sèchement qu'il était obligé de repartir pour Paris, le soir.

Le soir, vers minuit, Daniel revint, à la place habituelle, devant les fenêtres de Thérèse. Enflammé par les émotions de la journée, croyant M. d'Aigremont en route, il franchit avec précaution la haie de clôture. Dans le jardin, il resta d'abord stupéfait de sa propre audace. Mais une sorte d'ivresse inconnue et délicieuse le transportait. Penser qu'elle était là, seule, presqu'à portée ! S'introduire dans sa chambre par escalade, se prosterner à ses pieds, baiser le bas de sa robe ! Tout à coup, au milieu de ce rêve, il aperçut deux ombres conjugales et familières. Le mari était resté.

IV

Daniel s'enfuit sous une tonnelle du jardin, où il sanglota. C'était sa première désillusion d'amour. Son cœur débordait d'un chagrin enfant. Puis, après un temps dont il n'eut pas conscience, le bruit d'une fenêtre qui s'ouvrait lui fit lever la tête. Entre les feuilles, à la clarté vive de la lune, il aperçut Thérèse accoudée, en blanche toilette de nuit.

Alors il s'avança, tendant les mains vers elle, tomba à genoux au milieu de l'allée, en pleurant toujours. Elle l'avait aperçu aussi et ne se retirait pas.

Il faisait si clair, que Daniel distinguait nettement les traits de la jeune femme. Une mélancolie la rendait sérieuse : elle semblait, elle aussi, regretter quelque douce illusion envolée à jamais.

Maintenant, le mari dormait sans doute, et Daniel, dans sa douleur, osa murmurer :

— C'est fini... Adieu, Thérèse...

Elle répondit de la même voix brisée :

— Adieu, Daniel !

CÉLESTIN ROURE

I

Vieille voiture, vieux cheval, vieux cocher. Les trois, en harmonie, se complétaient et se justifiaient. Le tout formait un ensemble absolument remarquable.

Un monument d'abord, l'antique guimbarde de berline ! Une de ces constructions massives, mais solides, faites pour se transmettre de génération en génération, capables de résister à la griffe du temps et de survivre aux révolutions des hommes. Sous le règne de Louis-Philippe Ier, simple coupé à un seul fond, mais à deux sièges et quatre places, elle avait été le type cossu de la demi-fortune : bourgeoise par sa lourdeur pattue, par la prudence de sa capote retombant bas, que complétait une sorte de parapluie facultatif, bien de l'époque du monarque au parapluie. Pendant la République de 48, un système de vitrage intérieur avait préservé la seconde banquette du souffle du mistral, plus inquiétant maintenant qu'il arrivait aigri de bise démocratique. Sous l'Empire autoritaire, un strapontin avait été adapté en dedans du vitrage ; puis, avec l'Empire libéral, le strapontin élargi était devenu une troisième banquette, ce qui portait à six le total des places. Enfin, hier encore, sous la troisième République, lorsque la guimbarde apparaissait au haut du Cours, alourdie par un récent radoub, grinçante, geignant tout entière d'un sanglot de ferrailles, l'étranger de passage pouvait s'étonner et sourire ; mais les naturels du pays, accoutumés à l'équipage depuis un demi-siècle, disaient seulement :

— Tiens ! voilà le Chèvre qui passe...

« Le Chèvre » parbleu ! c'était le nom du cheval, connu de toute la population, un poulain de trente-trois ans, maigre de vieillesse, le poil de la tête tout blanchi comme la barbe d'un homme.

D'ordinaire, les habitants de la ville ajoutaient avec gravité :

— Le Chèvre de Célestin Roure.

II

Ah ! quel type que ce Célestin Roure ! Si vous l'aviez connu comme je l'ai connu, rien qu'à voir son nom imprimé, il vous serait impossible de tenir votre sérieux. D'ailleurs, pourquoi ne pas tout dire ? Né dans un hameau peu éloigné de la ville, issu de simples cultivateurs, Célestin Roure a été, pendant plus de cinquante ans, le domestique de mon grand-père et de mon père. Il n'a jamais fait que cette place ; c'était un de ces serviteurs d'autrefois, espèce disparue, qui arrivaient à faire partie intégrante de la famille. Le matin du jour où je suis né, il me l'a raconté souvent, comme un orage épouvantable avait la veille détrempé le sol, Célestin Roure, afin d'aller chercher la garde et la sage-femme, qui demeuraient au Faubourg, dut, dès l'aurore, atteler à la guimbarde le prédécesseur du Chèvre, un autre vieillard chevalin, entré jadis tout jeune dans la maison en même temps que le cocher.

J'ai grandi sous son bras protecteur. Je l'ai toujours tutoyé ; lui, l'année où j'ai passé mon bachot, me tutoyait encore. Pendant mon jeune temps, j'ai rencontré en lui, outre un dévouement inaltérable, une complaisance à toute épreuve, et une obéissance passive, qui le rendaient mon confident naturel, le complice obligé de mes escapades. A six ans, ma grande joie était de me glisser derrière lui dans la cuisine, sans avoir l'air de rien, puis, subrepticement, de le dépouiller de son couvre-chef, une lamentable casquette crasseuse, une loque, qu'aussitôt, hurlant de joie, je courais jeter dans l'immense cheminée, au milieu du feu clair devant lequel tournait la broche.

La première fois que je savourai le bonheur de découcher, c'était à la campagne, en été, je n'avais que huit ans. On m'envoyait au lit vers neuf heures : ce soir-là je restai bien éveillé, et, le cœur battant, j'attendis. A onze heures, quand toute la maison fut couchée et les lumières éteintes, je me levai à tâtons ; j'enfilai seulement des chaussettes, puis, emportant mes habits dans mes bras, je me sauvai en chemise, mes souliers à la main ; je fis jouer l'espagnolette de la porte d'entrée. Par une admirable nuit, le cœur gonflé de me sentir libre, j'arrivai au milieu d'un champ, à la cabane où Célestin Roure, couchait chaque soir avec un fusil, afin de garder les melons. Célestin, sa lanterne allumée, m'attendait ; il m'avait préparé un lit moelleux de paille fraîche. Je dormis là comme un roi, à ses côtés, le fusil entre lui et moi, le fusil dont ma main serrait héroïquement le canon.

N'est-ce pas Célestin aussi qui m'a fait fumer pour la première fois ? Un dimanche après midi, il possédait un cigare, je ne sais qui le lui avait donné, un cigare qui ne tirait pas et à chaque instant s'éteignait même ; je voyais Célestin aspirer, aspirer inutilement, puis brûler une nouvelle allumette. Je finis par le lui arracher de la bouche, sans façon, et j'achevai de le fumer moi-même, comme si je ne n'avais jamais fait que ça. Seulement, après... après... Célestin, parbleu ! dût me préparer une tasse de thé.

Plus tard enfin, quand il m'arriva de vouloir découcher pour le bon motif, j'avais encore recours à Célestin. C'était lui qui, à la campagne, cachant pour moi la grosse clef sous une pierre, favorisait mes rentrées matinales.

Par exemple, il n'était pas joli, joli ! Tout petit de taille, déjeté un peu à gauche — côté du cœur — pas gêné du tout par la graisse, et même sec comme une allumette, son corps menu, taillé pour être alerte, gardait pourtant dans chacun de ses mouvements la lenteur native du paysan aggravée par la distraction perpétuelle d'un rêveur. Et il m'a toujours paru le même, ni plus vieux ni plus jeune. A quarante ans, chauve, la peau rugueuse et tannée par le soleil, c'était déjà un vieillard ; à soixante et dix passés, svelte et ingambe, naïf comme un enfant, crédule et rieur, entonnant soudain le grand air de la *Favorite* avec sa voie de ténor suraiguë, il vous avait encore l'air d'un gamin flétri, mais guilleret. Imaginez-vous un visage de rien du tout : un front bombé de visionnaire, deux imperceptibles yeux vifs enfouis, deux pommettes saillantes, noueuses, agrémentées chacune d'une petite houpette de cheveux, avec un nez typique, lamentable et tourmenté, complètement déprimé au milieu, pour se relever soudain en pied de marmite; enfin un bas de visage absolument en lame de couteau, fendu par une large bouche, et terminé par une mâchoire inférieure proéminente. Tel était l'Adonis.

Malheureusement, au milieu de cette réjouissante laideur d'orang-outang, la nature marâtre avait fait naître Célestin Roure avec une épouvantable infirmité, capable de repousser à jamais de lui l'amour des femmes. Oui! ce nez, complètement écrasé par le milieu, — ce qui ne promet jamais rien de bon, et lui donnait beaucoup de mal à se moucher — était comme une écurie d'Augias, dont les émanations pestilentielles tuaient les mouches à trente-cinq pas. En un mot Célestin Roure était punais, incurable malheur, qui ouvre un jour sur toute sa vie et livre la clef de son caractère.

III

Dans l'espace de cinquante ans, il en a passé, dans la maison paternelle, des cuisinières et des femmes de chambre, sans compter les nourrices, quand mes frères et sœurs, et moi, n'étions pas encore sevrés. Il s'en est succédé de toutes les couleurs, des jolies et des laides, des vieilles et des jeunes, des évaporées et des dévotes, des honnêtes et des farceuses. Ça semblait même fait exprès : nous n'avions jamais de chance en domestiques femmes, et il nous en fallait changer à chaque instant. Eh bien ! toutes : celles qui restaient quinze mois, comme celles qu'il fallait flanquer dehors au bout de huit jours; celles du pays, comme celles venues de loin, les « Franciotes », les « Gavottes », les « Suissesses »; celles qui portaient le bonnet d'Arles comme celles qui portaient chapeau — vous m'entendez bien ? toutes — mon bougre de Célestin les a aimées éperdument, mais sans résultat et sans espoir. A toutes sans exception, il a fait la cour; hélas ! une cour platonique, discrète et tremblante, presque muette; se contentant d'être leur esclave, leur chien, il les dispensait des besognes pénibles, couvrait leurs fautes, leur donnait son argent, subissait les caprices, les moqueries, les rebuffades, s'accommodait de leur dégoût.

Que de fois, en entrant à la cuisine pendant le dîner des domestiques, n'ai-je pas vu Célestin relégué tout au bout de la table, ronger mélancoliquement des os, tandis que deux gredines mangeaient les bons morceaux, leur chaise reculée à l'autre extrémité de la table, se bouchant ouvertement le nez si le malheureux se rapprochait un peu. Cependant, lui bon garçon, restait là, non seulement ne se fâchant pas, mais s'efforçant de les faire rire, toujours en adoration muette, encore heureux de se sentir à quelques pas de leurs jupes. Puis, chaque fois qu'une domestique nous quittait ou était renvoyée, pendant des semaines Célestin Roure restait en proie à une profonde mélancolie. Il en perdait le boire et le manger, jusqu'à ce que, petit à petit, sa blessure se fût cicatrisée, en racontant à la nouvelle les charmes et les mérites de l'absente.

Même un jour, lors du départ d'**Augustine**, une perle celle-là, une exception que nous avions gardée quatre ans, le coup fut si fort pour Célestin, qu'il parla d'entrer en religion. Et ne sachant à peu près ni lire ni écrire, il s'informa si on voudrait quand même de lui aux Capucins.

IV

Cette velléité d'entrer dans les ordres mendiants ne lui tint pas. Pour déverser le trop-plein de sa sève, pour distraire la fringale de son grand cœur de don Juan affamé d'amour, Célestin Roure a toujours eu un autre exutoire : le commerce.

— Mon pauvre Célestin ! lui disait devant moi une vieille cuisinière philosophe ; vous qui parlez toujours de vous marier, vous ne vous voyez donc pas ?... Ah ! si vous aviez cent mille francs, possible que pour votre argent...

Justement, Célestin s'était toujours dit d'avoir à lui les cent mille francs qui, seuls, pourraient le mettre en bonne odeur auprès d'une femme. Depuis cinquante ans qu'il est chez nous, il a toujours consacré ses soirées et ses dimanches à faire du commerce. Aujourd'hui encore, si on veut le voir se gonfler, il n'y a qu'à l'appeler : « Monsieur le négociant. » Hélas ! hélas ! le même guignon, qui l'a toujours poursuivi en amour, semble s'opposer encore à la réussite de ses nombreux négoces.

Il a tout essayé : les huiles d'abord, et le vin, et les amandes ; pour casser économiquement celles-ci, il avait même inventé une machine. Une année, il acheta au printemps un lot énorme de sarments, pour les revendre en hiver. Mais, novembre arrivé, ses sarments étaient tombés en poussière, si bien que des mères venaient lui en acheter un sou pour leur enfant au maillot, dont les chairs se coupaient. Le négoce, proprement dit, ne lui réussissant pas, il voulut se rejeter sur l'exploitation agricole. Ainsi, voici trois ans, il loua deux cents francs à la Compagnie P.-L.-M. une bande de terrain empierré, sous les arches d'un viaduc, pour y élever vingt mille melons, à cinquante centimes pièce : quoi ! une spéculation à la Balzac. Les melons n'ont pas voulu pousser. Cette année, il tente la tomate et la salade.

Avec ses gages économisés et capitalisés, à la suite de deux ou trois petits héritages, il pourrait aujourd'hui vivre sans travailler. Au contraire, tout s'en est allé au commerce. Des associés louches, qui lui avaient été colloqués par nos bonnes, l'ont fait mettre plusieurs fois en faillite. Il est couvert de dettes. Et « le Chèvre » notre vieux cheval de trente-trois ans, en sait quelque chose, lui !

Chaque fois que nous nous rendons en guimbarde à la campagne, — hier encore, — arrivé à un certain tournant de la route, « le Chèvre », ce vieillard poussif qui ne tient plus sur ses jambes, dresse comme un poulain les oreilles, et, sans qu'on ait besoin de rien lui dire, fournit un temps de galop. Explication : là, tout au bord de la route, dans une masure, demeure une paysanne très mauvaise et très forte en gueule, la principale créancière de Célestin. *Le Chèvre le sait depuis des années!* Célestin, à cet endroit, lui a si souvent donné de grands coups de fouet, qu'aujourd'hui le pli est pris : de lui-même, l'intelligent cheval, pendant quatre cents mètres, brûle la route.

BLANCHE D'ENTRECASTEAUX [1]

I

D'extraction basse, médiocre d'ambition et de fortune, à trente ans sonnés, Louis Giraud n'était que clerc de notaire, dans sa petite ville natale. Ses cheveux commençaient à blanchir. A

---

[1] L'idée première de cette petite nouvelle a été prise dans Casanova, à la suite d'une sorte de gageure amicale, sortie d'un dîner où deux autres romanciers et moi avions longuement examiné la difficulté — presque insoluble — de moderniser un sujet émanant d'un siècle passé et d'une civilisation différente. Et nous nous étions promis de traiter cette donnée chacun à sa façon. Nous commencions alors, et tout cela ne date pas d'hier. Bien antérieure aux autres nouvelles de ce volume, *Mademoiselle d'Entrecasteaux* fut écrite en 1875, une semaine d'été, dans le Midi, à la campagne. Peut-être ai-je eu tort de la mêler à d'autres productions moins « jeunes » ?

l'étude, quand il n'avait pas à gribouiller sur du papier timbré, il s'enfonçait dans la lecture de quelque roman ; mais il s'interrompait à chaque instant pour regarder par la fenêtre. Un vieil ormeau, dénudé, occupait le milieu de la rue. En face, la façade noire de l'hôtel seigneurial des d'Entrecasteaux. Et, au premier étage de l'hôtel, les rideaux bleu de ciel d'une chambre de jeune fille.

Quelquefois, Louis Giraud devenait subitement pâle. Il avait aperçu à travers les vitres, le visage de mademoiselle Blanche d'Entrecasteaux. La jeune fille disparue, il se traitait d'imbécile. Qu'y aurait-il jamais de commun entre lui, ver de terre, et cette royale personne, portant un nom historique ? Elle aurait un million de dot, et sa sœur aînée était sur le point de se marier avec un duc du faubourg Saint-Germain ? Puis, il réfléchissait qu'un portrait, ou une statue, reproduisant ce genre de beauté, lui causerait la même impression : plus d'étonnement et d'admiration qu'autre chose. Même un vague effroi, plutôt que de la tendresse ou de la sympathie.

Le printemps venu, un matin, l'étude du patron de Louis Giraud était pleine de beau monde, à l'occasion de la signature du contrat de mademoiselle d'Entrecasteaux aînée. Le clerc, endimanché, rasé de frais, debout respectueusement à l'écart, un porte-plume d'ivoire à la main, attendait que le notaire eût achevé de lire, pour offrir lui-même le porte-plume à ceux qui devaient signer. Il avait peu dormi de la nuit. Mademoiselle Blanche était là, assise un peu à l'écart ; un des témoins du marié, le baron de Cabrens, un tout jeune homme, s'était mis très près d'elle. Tout à coup, Louis Giraud rougit, détourna les yeux. Mademoiselle Blanche tenait derrière le dos une main dégantée, que le baron de Cabrens pressait dans la sienne.

Louis Giraud, cette nuit, ne dormit pas. Le lendemain, il tint fermée cette fenêtre par où il regardait si volontiers autrefois. Il changea son pupitre de place. Mais, dès le jour suivant, il se remit à son poste d'observation. Il ne quittait plus du regard les rideaux bleu de ciel. De toute une semaine, il ne revit plus mademoiselle Blanche. La famille devait être à Entrecasteaux, domaine princier, à une vingtaine de kilomètres, où s'achevait la célébration du mariage. Enfin, un matin, Louis Giraud sentit son sang ne faire qu'un tour ; précipitamment, il jeta les yeux sur son livre. Mademoiselle Blanche installait sur le balcon la cage de deux chardonnerets, versait des graines dans la mangeoire.

Le clerc lisait, mais des yeux seulement ; il éprouvait une joie profonde. Elle était là maintenant, plus près de lui que de ce baron de Cabrens qui, toute une semaine, avait pu baiser librement ces mains fines dans les bosquets touffus d'Entrecasteaux. Quand il fut un peu remis, il risqua un regard. Mademoiselle Blanche, toujours au balcon, s'occupait de ses oiseaux. Il finit par la regarder fixement, avec une expression de reproche attendri. Et, à partir de ce jour, la jeune fille ne put s'approcher de sa fenêtre sans rencontrer l'obsession de ces deux yeux braqués sur les siens, de ces deux yeux qui semblaient à la fin connaître son secret et vouloir lui dire quelque chose.

II

Ce Louis Giraud, un garçon rangé, ne jouait pas, n'allait jamais au café, fréquentait peu la jeunesse de la ville. Il vivait avec sa mère, veuve depuis quinze ans, une bonne femme, qui avait rétréci sa vie à l'épargne quotidienne, et aux soins méticuleux du ménage, entremêlés de pratiques de dévotion. Hors de l'étude, il ne connaissait d'autre distraction que la lecture ou la promenade. Depuis un mois, pourtant, une habitude nouvelle s'était introduite dans son existence : il fumait. Le soir, avant d'aller faire un tour, il s'arrêtait maintenant chez la belle buraliste aux cheveux rouges de la rue Louis-Philippe, s'offrait un cigare.

La fumée bleuâtre qu'il répandait par bouffées lui semblait accompagner merveilleusement ses nouvelles rêveries. Puis, n'était-ce pas là mieux à sa portée, la plus aisée à contracter, des habitudes d'une jeunesse aristocratique, titrée, supérieure ! Il croyait déjà un peu monter à cheval, faire des armes, être rompu aux nobles manières. Il avait besoin de cet excitant pour aborder le rêve de tenir, lui aussi, une petite main douce qui ne se retirait pas.

Quand le clerc entrait au bureau de tabac, la belle buraliste aux cheveux rouges, une fille sur le compte de laquelle couraient toute sorte de bruits, se tenait d'ordinaire à l'arrière-boutique, étroite pièce obscure qui lui servait de chambre. Sans la déranger, le clerc choisissait son cigare, déposait les sous sur le comptoir. Souvent, par la porte entrebâillée de l'arrière-boutique, il avait cru entendre des chuchotements, des rires étouffés. Un soir, dans la demi-obscurité, il entrevit un jeune homme, assis au bord du lit de la belle buraliste et ressemblant, à s'y tromper, au baron de Cabrens.

Le lendemain, à l'étude, Louis Giraud éprouva un gros chagrin. Mademoiselle d'Entrecasteaux, debout au balcon, laissait errer son regard dans la rue. Tout à coup, soit que les yeux du clerc fussent ce matin-là plus langoureusement expressifs, soit que la jeune fille, agacée par quelque préoccupation, se trouvât d'humeur peu endurante, mademoiselle d'Entrecasteaux foudroya le clerc d'un geste de reine courroucée et rentra, en fermant avec fracas les contrevents.

Le malheureux en fut tout déconcerté. Au premier moment, pour tenter de désarmer la colère de mademoiselle Blanche, il voulait lui écrire. Mais, comment lui faire parvenir la lettre? Puis, la patricienne ne considérerait-elle pas cette réparation comme une nouvelle insulte ?

D'ailleurs, il devait s'être passé quelque chose. Depuis quinze jours le piano de mademoiselle d'Entrecasteaux se taisait. Les chardonnerets, délaissés sur le balcon, semblaient tristes eux-mêmes. Louis Giraud ne l'avait plus aperçue qu'une fois : elle était très pâle.

III

Un soir, pour achever une expédition qui pressait, le clerc s'était attardé. Son patron, parti depuis longtemps, lui avait recommandé de bien verrouiller. Quand il se leva enfin pour fermer la fenêtre, quelle stupéfaction! A se demander s'il n'était pas le jouet d'un rêve !

Mademoiselle d'Entrecasteaux, accoudée sur le balcon, semblait le guetter. Dès que leurs regards se croisèrent, s'assurant que la rue était déserte, qu'on ne la voyait d'aucune fenêtre, elle lui sourit; puis, d'un joli geste, pressant et familier, elle lui demandait de descendre, là, dans la rue, au pied du viel ormeau.

A peine fut-il près du tronc de l'arbre, une clef entourée de papier tomba à ses pieds. Et, du balcon, la main impérieuse de mademoiselle d'Entrecasteaux lui désignait une petite porte.

Il obéit. La porte, en apparence une porte condamnée, tourna doucement sur ses gonds. Dès que le passage fut assez large, il se sentit saisir par le bras.

— Vite !

Mademoiselle d'Entrecasteaux l'entraînait dans l'escalier. Lui, croyait de plus en plus rêver, surtout lorsqu'il arriva dans la chambre de la jeune fille. Il reconnut les rideaux bleu de ciel, avec le plaisir qu'on éprouve à retrouver une ancienne connaissance. D'amples rideaux, du même bleu, cachaient l'alcôve. Il se serait mis à genoux, dans son respectueux enivrement. Elle, avec une hâte fébrile, refermait la porte, à double tour. Puis, elle fit quelques pas. La voix lui manquait. De ses mains inquiètes, elle s'efforçait de comprimer son corsage. Enfin, dès qu'elle put, haletante :

— C'est un marché que je vous propose... Vous pouvez me sauver... Le voulez-vous? Moi, je n'aurai rien à vous refuser...

Ce fut à son tour de ne pouvoir parler. Stupéfié par un foudroyant bonheur inattendu, le sang à la tête, tenté de lui baiser le bas de la robe, il faisait signe que oui. Il essaya de lui prendre la main, voulut se mettre à genoux. Elle, alors, se dégageant :

— Attendez ! vous ignorez quel service !

Elle avait retrouvé son sang-froid. Et elle insistait sur le « service » : il était important. Il exigeait de lui un dévouement absolu. Il était plein de danger, terrible.

— Tout ! Oui, tout ! N'importe quoi !..

Elle le regardait dans les yeux.

— Il vous faudra un grand courage !
— J'en aurai.

Alors, le trouvant sans doute dans l'état d'exaltation où elle voulait le voir, elle lui tendit la main.

— C'est conclu !... Moi, de mon côté... quand vous voudrez ! dit-elle d'une voix profonde. Maintenant, regardez...

Elle avait ouvert les rideaux de l'alcôve. Une demi-douzaine de jupons blancs, fraîchement repassés et jetés sur le lit, le recouvraient tout à fait. Au pied du lit, dans une cuvette, un mince filet de sang coulait goutte à goutte de dessous un grand jupon à volants plus soulevé que les autres. Sans hésiter, la jeune fille écarta ce jupon et Louis Giraud aperçut le corps du baron de Cabrens. Sans un mince filet rouge, sortant d'un petit trou rond à son paletot, du côté du cœur, on eût pu croire qu'il dormait, blotti sous tout ce linge de femme empesé. D'une main, il tenait encore son frêle steack de jeune élégant, de l'autre une moitié de cigarette éteinte.

— Voilà ce que j'ai fait! murmura-t-elle, en détournant la tête.

Des sanglots lui coupèrent la parole. Elle eut une faiblesse. Ses bras se tordaient de désespoir. Soudain, par un puissant effort de volonté, elle se remit.

— C'est moi... Chaque nuit, il venait ici, par la porte dont je vous ai jeté la clef... J'étais sûre qu'il me trompait, avec la buraliste de la rue Louis-Philippe. Vous savez peut-être? Une jolie fille, qui se parfume toujours au musc?... Il y a une heure, le soupçonnant, je l'ai fait venir en plein jour, à l'improviste... Quand il m'a embrassée, il sentait le musc... Alors, folle, je me suis jetée sur lui, mon poinçon à la main...

Le poinçon à broderie était resté sous le lit. Elle le ramassa. Puis, l'essuyant dans son mouchoir :

— Il n'a pas crié ; personne, heureusement, n'a rien entendu.

Le clerc tremblait. Le baron de Cabrens était mort. Ce sang! Il voyait des taches sur la couverture de lit, de larges éclaboussures sur le tapis. Et il faisait jour encore. On entendait des gens parler, rire, dans la rue. Sur leur tête, à l'étage supérieur, un lourd fauteuil à roulettes était parfois traîné. Plusieurs personnes à la fois descendirent l'escalier; ce qui faisait un piétinement à travers la muraille. D'une minute à l'autre, on pouvait venir. Cependant mademoiselle d'Entrecasteaux lui expliquait ce qu'elle attendait de lui. Oh! c'était simple! Elle avait tout prévu, tout calculé. On allait, n'est-ce pas, sonner la cloche du dîner. Son père, ayant la goutte, ne quittait plus son fauteuil, à l'appartement au-dessus. Elle venait d'entendre sortir ses deux frères, qui dînaient en ville. Son beau-frère et sa sœur étant partis pour Paris, elle serait seule à table avec sa mère, qu'elle accompagnerait ensuite à l'église, sûre qu'aucun domestique ne pénétrerait dans sa chambre, dont elle aurait la clef dans la poche. Puis, vers une heure du matin, quand chacun dormirait profondément dans l'hôtel et dans la ville, elle se tiendrait au balcon. Lui, n'aurait qu'à monter, tout serait prêt; elle aurait un sac, une corde. Le transport, d'ailleurs, ne serait pas long. Le bout de la rue à atteindre, cent pas au plus en rasant les murs, le coin à tourner, et ils se trouveraient au bord de la rivière... Pour remonter le courage du clerc, mademoiselle d'Entrecasteaux parlait posément, n'oubliait rien, s'efforçant de paraître très calme.

IV

Une demi-heure plus tard, Louis Giraud, à table, sa cuiller à la main, oubliait de manger.

— Ma soupe a peut-être le goût du brûlé? lui dit sa mère; ce n'est pas ma faute; tu viens si tard...

— Non! je n'ai pas faim.

Et, s'étant versé un grand verre de vin, il se leva pour sortir. Il revint tout de suite sur ses pas, ayant oublié, au milieu de sa préoccupation, de prendre son passe-partout et d'embrasser sa mère. Il la garda un moment dans les bras, avec une tendresse plus expansive qu'à l'ordinaire.

Par habitude, il passa d'abord rue Louis-Philippe. La buraliste aux cheveux roux se tenait sur sa porte, regardant allumer les réverbères. Elle paraissait attendre quelqu'un. Au lieu d'entrer, il hâtait le pas.

Il était sorti de la ville. Une grande route droite

et plate, s'étendait indéfiniment devant lui, sans ornières, sans accidents, propre comme si on venait de la balayer, blanchissante à la clarté douce de la lune. Il finit par s'asseoir sur une borne kilométrique. Jetant son chapeau à terre, il passa la main dans ses cheveux mouillés, collés au crâne; une sensation d'air et de fraîcheur lui fit du bien. L'admirable nuit de juin! Des coassements de grenouilles lui arrivaient, de quelque mare lointaine, tandis qu'une émanation de foins fauchés et de fleurs épanouies veloutait l'air. Et il ne pensait qu'à une chose. Ne pas être seul par une nuit pareille! La presser contre lui, en l'emmenant très loin, dans quelque voiture légère, qui filerait bien vite sur une route blanche comme celle-ci. Ou, encore, l'ayant au bras, lentement prendre à pied par ces prairies, longer les rideaux de peupliers, rencontrer des saules bizarres dont l'ombre biscornue la ferait se serrer contre sa poitrine, chercher la mare des grenouilles, se perdre enfin avec elle au fond de cette mer vaporeuse, que la lune laissait flotter jusqu'aux crêtes noires d'un horizon de collines. Il se leva. De la route, pour continuer son rêve, il descendit dans les prairies. Mais, au bout de quelques minutes de marche, il sut d'où montait ce brouillard, d'où coassaient toutes ces grenouilles. Une sueur froide lui mouilla le front. Il se trouvait au bord de la **rivière**.

Il regarda sa montre. Le temps avait volé : minuit moins le quart! Et à une heure du matin mademoiselle d'Entrecasteaux l'attendrait. Il écarta les roseaux touffus de la berge, se pencha. L'eau, en bas, noire dans l'ombre, lui parut immensément profonde; il trouva sinistres les petits clapotements qu'elle faisait. Ici, peut-être, le cadavre serait repêché et la justice viendrait commencer son enquête. Contre ce rocher à fleur d'eau, barrant la rivière, là-bas une masse informe ne semblait-elle pas déjà arrêtée? Il s'éloigna très vite.

Tant pis! il serait prudent; cette fille, après tout, ne lui était rien. N'avait-elle pas des parents, des frères, intéressés à ne pas laisser déshonorer le nom d'Entrecasteaux? Il courait maintenant comme si on l'avait poursuivi. Vingt minutes après, sans souffle, épuisé, il se laissait tomber sur un banc, à l'entrée de la ville.

La lune se couchait. La nuit était très noire. L'horloge de la place de l'Église sonna une heure. A la réplique, il quitta son banc, incertain. Ses jambes, pourtant, le portaient d'elles-mêmes dans la direction de l'hôtel d'Entrecasteaux. Déjà il apercevait le vieil ormeau sans feuilles. Comment lui dire qu'il ne voulait plus du marché? C'est qu'il avait peur d'elle maintenant. Elle était femme à lui faire le même parti qu'à l'autre. Il avait ralenti le pas. Un dernier espoir, vague, celui de ne pas la trouver exacte au rendez-vous, le poussa de nouveau en avant. Tout à coup, ce fut comme un grand choc dans sa poitrine.

Mademoiselle d'Entrecasteaux s'avançait à sa rencontre, dans la rue.

— Est-ce vous? dit-elle à voix basse.

Et il sentit sa main prise dans une petite main brûlante. Elle semblait aussi à l'aise au milieu de la rue, que si la ville eût été inhabitée. Tout en noir, comme si elle venait de prendre le deuil, et très pâle, en cheveux. Qu'ils eussent pleuré ou non, ses grands yeux, cernés, brûlaient de résolution sombre. Lui, la regardait, et, à mesure, sa volonté se fondait, sa prudence devenait de la poussière. Ne sachant plus, il la suivait. Elle ouvrit la porte toute grande, en lui disant :

— J'ai pu le descendre.

Le clerc s'était baissé. Il se releva chargé de ce qui avait été le baron de Cabrens, roulé dans une toile à emballage. Et il l'emporta. Ce n'était pas très lourd. Au bout de quelques pas, pris de panique, il courut follement avec son fardeau jusqu'au bord de la rivière.

V

Le cadavre ne fut repêché que le surlendemain, à onze kilomètres, contre le barrage d'un moulin. Il y eut descente sur les lieux du parquet et du juge d'instruction. L'identité du baron fut reconnue, et la première enquête mit hors de doutes l'existence d'un crime. L'émotion publique était déjà surexcitée au plus haut point, dans la contrée, lorsqu'on apprit par les journaux que la justice venait de trouver le coupable. Puis, un pauvre diable de colporteur à moitié imbécile, arrêté dans les environs, fut remis en liberté, après cinquante-trois jours de prison préventive.

Louis Giraud allait à l'étude comme à l'ordinaire, copiait les expéditions, répondait aux clients, courait à l'Enregistrement et aux Hypothèques, rentrait, se mettait à table avec sa mère. Mais, tout cela n'était plus une vie.

Pendant cinquante-trois jours, cette pensée fixe : laisserait-il condamner l'innocent qui avait eu le malheur de perdre, sur une route, un couteau, dont le débourre-pipe était de la dimension du poinçon de mademoiselle Blanche? Le colporteur relâché, il goûta une heure d'allègement. Puis il se retrouva dans les transes.

On s'apitoyait encore sur « le pauvre baron », que certains comparaient déjà au président Poinsot, puisque son assassin restait aussi introuvable que le fameux Jud. Une feuille locale annonça alors qu'après avoir fait fausse route, la justice était enfin « sur la trace des vrais acteurs du drame mystérieux. »

On arrêterait donc encore des innocents! Ou, peut-être, quelque providentielle circonstance éclairerait-elle tout d'un jour terrible. Lui, serait toujours accusé de complicité, à moins que l'influente famille d'Entrecasteaux ne le fît passer pour le seul coupable. Au milieu de ces soucis continuels, Louis Giraud pensait de moins en moins à celle pour qui il avait sacrifié sa tranquillité. Il ne l'apercevait plus de son pupitre, à l'étude. Plus de rideaux bleu de ciel aux fenêtres toujours fermées. Depuis la nuit terrible, mademoiselle d'Entrecasteaux avait dû changer de chambre. Il ne cherchait même pas à savoir si elle était partie pour la campagne, pour les eaux.

L'été se passa ainsi. Le vieil ormeau chauve, du milieu de la rue, laissait tomber ses rares feuilles jaunies, et le baron de Cabrens était oublié.

Chacun rentrait en ville. Le clerc, un matin, en courses, fut pris tout à coup d'une émotion extraordinaire : accompagnée d'une domestique, mademoiselle d'Entrecasteaux arrivait en face de lui. Puis... Il s'était trompé. Ce n'était pas elle. Et il respira à pleins poumons. Son sang circulait mieux.

Il ne pensait donc plus du tout à « la récompense » promise. Le sentiment de la conservation, l'absorbant tout entier, lui avait enlevé tout désir, et jusqu'à la mémoire.

Au bout de six semaines, Louis éprouva encore une grande émotion. Il ne se trompait pas cette fois. C'était bien mademoiselle d'Entrecasteaux, avec ses parents, des témoins, un jeune homme ; elle entendait lire son contrat de mariage, comme elle avait entendu lire au printemps celui de sa sœur. Lui, debout respectueusement, à l'écart, attendait, le même porte-plume d'ivoire à la main.

Le notaire achevait sa lecture. Profitant de ce que le clerc troublé n'avançait pas tout de suite, mademoiselle d'Entrecasteaux fit deux pas vers lui. Et, le regard droit, le maintien imposant, toujours pâle, elle lui prit le porte-plume des mains, en lui disant, à demi-voix, avec une intonation significative :

— Quand vous voudrez !.

UN DÉPUTÉ

I

Le mois dernier, sur la plage, mon ami N... et moi, nous vîmes venir un homme jeune encore, correct de tenue et distingué d'allures, ni grand, ni petit, ni gras, ni maigre, qui fumait son cigare au clair de la lune.

Quand le promeneur solitaire nous eut dépassés, N... me frôla le bras.

— Sais-tu qui c'est? me dit-il à voix basse.
— Non!

Il attendit, par prudence; puis, quand ce passant fut tout à fait hors de la portée de sa voix, N... me nomma un député, arrivé depuis peu à la Chambre et profondément inconnu : Saint-Evron.

Je n'étais pas considérablement plus avancé.

Mais mon ami N... est un homme étonnant, unique, doué entre autres supériorités, d'une mémoire extraordinaire; frotté depuis longtemps aux mondes les plus divers, il connaît le fond du sac de bien des gens; les jours où il veut s'en donner la peine, sa conversation est bourrée de documents, indiscrète comme un casier judiciaire. Quelques minutes plus tard, assis l'un et l'autre au bord d'une falaise, les jambes pendantes, nous regardions en silence le merveilleux spectacle d'une mer montante, écumeuse, qu'une houle arrivant du large couvrait de « moutons blancs », tandis que toute la côte semblait dormir, pâmée, sous la transparence tiède d'une vraie nuit d'Orient. Soudain, tourné vers moi, mon répertoire vivant s'écria :

— Tu vas voir que ce député inconnu est un homme hors ligne, dont on parlera... Qui sait? un Gambetta ou un M. Thiers?... Non! plutôt un Morny!

Et il me raconta Saint-Evron.

II

Aux environs de ... — dans la circonscription électorale qui a élu Saint-Evron — Rochereuil est une manière de château féodal, déchu. Du haut de l'éminence sur laquelle il est juché, jadis il commandait à la plaine. Les habitants du hameau éparpillé à ses pieds, étaient tous vassaux des hauts et puissants marquis de Rochereuil. Quel changement aujourd'hui! Plus de ponts-levis, les fossés sont comblés. Des quatre tours qui flanquaient le principal corps de bâtisse, l'une, écroulée, n'est plus qu'un tas de blocs énormes, noircis, disparaissant sous des orties et du lierre; les trois autres servent maintenant de bûcher, de poulailler, de porcherie. Enfin, l'aile du Nord est convertie en ferme, de sorte que la cour d'honneur reste éternellement encombrée de meules de paille, de charrues, de poules en train de picorer, de canards pataugeant dans une mare boueuse qui avoisine le puits. Seul, le haut portail, muni de sa herse, a encore grand air, vers la tombée de la nuit, lorsque les paons de Rochereuil, perchés là-haut tous les huit, « font le beau » pour dire adieu au soleil.

Voici juste cinq ans, par une fin de journée d'été, au moment où les huit « oiseaux de Junon », alignés, semblaient autant d'admirables éventails grands ouverts, la vieille guimbarde, qui était alors l'équipage du dernier des Rochereuil, fit son entrée dans la cour d'honneur.

Un « jeune homme » de trente-huit ans, Saint-Évron, sauta le premier, aida le vieux marquis à descendre.

— Tiens ! je n'aperçois pas mademoiselle Aline.

— Oh ! ne faites pas attention ! répondit M. de Rochereuil. Chaque fois qu'elle monte à cheval, ma fillette ne se possède plus. Quand nous sommes sortis de la gare, j'ai bien vu qu'elle allait prendre par les bois.

Il n'avait d'ailleurs pas d'inquiétude; sa fille était une écuyère consommée. Et, passant à un autre ordre d'idées, le vieillard voulut installer lui-même Saint-Evron dans sa chambre, la plus belle du château, au premier étage. On y arrivait par une interminable galerie, entre deux rangées de portraits noircis, couverts de piqûres de mouches, aux cadres délabrés. Au bout d'une demi-heure, débarbouillé de la poussière du voyage et ayant fait une irréprochable toilette, Saint-Evron redescendait auprès de son hôte. Toujours pas d'Aline !

D'ailleurs, on n'avait pas sonné le dîner. Les deux hommes causèrent. Le vieux gentilhomme campagnard semblait heureux de posséder enfin, pour quelque temps, le fils de son cher Saint-Evron d'autrefois, de son meilleur ami.

— Louis, il est donc bien dur à quitter, votre satané Paris ?... Voilà six mois... Que dis-je ? voilà dix-sept ans... Oui ! depuis votre majorité... que vous me promettiez, sans jamais pouvoir vous décider à venir... Vous n'avez plus que moi pourtant : tous les vôtres son partis. Et j'étais tellement leur ami, que vous devriez me considérer, un peu, comme un grand-oncle !...

Lui, alors, le vieux jeune homme, le Parisien fortement « marqué » par la grande ville, c'est-à-dire pâli, jauni, déplumé par l'existence à grandes guides, pressait avec chaleur la main de M. de Rochereuil. Et, à les entendre causer gaiement d'autrefois et d'aujourd'hui, se mettre au courant l'un du faubourg Saint-Germain, l'autre des hobereaux de la province, s'annonçant des mariages, des morts, des naissances, passant de la politique à la chasse et au phylloxéra, on n'eût jamais soupçonné que sous ce ton affable et de bonne société, sous cette insouciance d'heureux de la vie, chacun était rongé de secrètes inquiétudes.

Celui qui arrivait de Paris « pour chasser », en réalité pour se remettre d'émotions récentes et demander au calme de l'atmosphère natale l'inspiration d'un parti décisif, se trouvait dans la plus critique position. Son patrimoine depuis longtemps dévoré, ainsi que la fortune de deux oncles, il n'attendait plus rien par héritage. Une liaison de dix ans avec la femme d'un magistrat, enlevée jadis, l'avait détourné du mariage. Enfin, une malheureuse tentative financière, son nom et son titre compromis pour donner quelque lustre au conseil d'administration d'une banque véreuse, avaient failli le faire passer récemment en police correctionnelle.

L'autre était également un gentilhomme ruiné, mais ruiné en province, où les chutes sont moins rapides. Outre Rochereuil, curieux de style, vaste mais délabré, quelques lopins de terre, fortement hypothéqués, lui restaient. A la rigueur, s'il eût été seul, de quoi atteindre la fin de ses jours, en vivant chichement, en s'enfonçant chaque année davantage. Mais il avait sa fille, sa fille unique, en âge d'être mariée.

Cependant il faisait nuit close. La cloche du dîner sonna. Aline n'arrivait toujours pas.

— Mettons-nous vite à table, dit M. de Rochereuil. Ça lui apprendra !... Oh ! c'est une mauvaise tête ! Elle est un peu capricieuse depuis quelques jours, fantasque même... Mais je n'ai nulle inquiétude : regardez-moi ce beau clair de lune !

III

Dans la profonde salle à manger voûtée, M. de Rochereuil découpait déjà le rôti, un lièvre tué par lui, quand on entendit le jappement de deux gros chiens de garde, le galop d'un cheval.

Sa cravache à la main, en amazone, Aline entra. Toute mince, grande et distinguée, très brune, encore ébouriffée de sa course folle dans les bois, l'air hautain.

Elle salua à peine Saint-Evron qui s'était levé, jeta dans un coin la cravache, dit qu'elle avait trop faim pour changer de toilette et se mit à dévorer.

Sa mère était morte en lui donnant le jour. Elle avait poussé librement à Rochereuil, comme les ronces recouvrant les blocs noircis de la tour en ruine. Ce soir-là, elle se montra presque mal élevée. Ne prononçant plus un mot de tout le repas, elle ne fit guère cas de leur hôte. Elle boudait. Depuis trois semaines, une demande en mariage, dont lui avait fait part son père, l'exaspérait. Comment ! un certain M. Menou, gros, court, laid, rouge, sans particule, avait eu l'insolence de la remarquer, en la voyant galoper sur les routes, et de concevoir des espérances ! Que lui importait qu'il fût le plus grand propriétaire du département ? Tous les millions de cet homme n'empêchaient qu'il eût le triple de son âge. L'inquiétant était que son père, elle ne le devinait que trop, désirait ardemment un sacrifice de sa part au relèvement de Rochereuil.

Au dessert, sans prendre congé, elle monta dans sa chambre. Saint-Evron, que cette jeune fille originale intéressait, espéra qu'elle était allée seulement retirer son amazone. Aline ne redescendit pas.

IV

Pendant quinze jours, mademoiselle de Rochereuil ne se départit pas de sa grande froideur à l'égard de l'hôte de son père. Cette aversion que lui inspirait M. Menou, « son odieux prétendant », elle semblait l'étendre au reste du genre humain. Deux ou trois tentatives de Saint-Evron, pour « se montrer aimable », furent très mal accueillies.

Rochereuil, où tout allait à la dérive et où, depuis des années, le marquis n'avait plus les moyens d'entretenir un jardinier, manquait absolument de fleurs. Le surlendemain de son arrivée, Saint-Evron apporta lui-même à la jeune fille une botte de roses magnifiques achetées aux environs. Aline emporta le bouquet, avec un « merci « bien sec. Puis, le soir, en passant près d'une sorte de rigole, par où s'écoulaient les eaux grasses de la cuisine, quel ne fut pas le désappointement du Parisien ! Retrouver là-dedans toutes ses roses !

Un autre jour, à la chasse, du haut d'un coteau presque à pic, il aperçut Aline à cheval, arrêtée au milieu d'un chemin creux. Aux deux ou trois saluts qu'il lui fit, l'amazone semblait répondre, de la cravache. Elle attendit qu'il eût dégringolé de là-haut précipitamment, au risque de se tourner le pied. Puis, feignant de ne plus le voir, au moment où il atteignait le chemin creux, elle lui passa devant le nez, au galop, ventre à terre.

Eh bien, un soir, à la fin de la semaine, en sortant de table, la même jeune fille dit tout à coup à Saint-Evron, entre les dents, très vite :

— J'ai à vous demander un conseil... Ne vous enfermez pas chez vous : j'irai tout à l'heure vous parler...

Saint-Evron crut avoir rêvé. Vers minuit, sans qu'il l'eût entendue venir par la galerie des portraits, Aline entra dans sa chambre.

V

D'abord, il fut plus ému qu'elle. Elle l'aimait donc ! Était-elle pervertie ? Ou invraisemblablement innocente ? Dans le doute, une tentation. Mais la tête, tout de suite, prit le dessus : « A quoi me mènerait une courte satisfaction des sens ? Entre elle, pauvre, et moi sans moyens d'existence, un mariage serait fou... Passer simplement une heure agréable, puis ni vu, ni

16.

connu, tourner les talons : ce serait bête et lâche... Alors, quoi ? »

Soudain, un éclair de génie lui montra une route à parcourir : la politique.

Oui ! là, devant lui, très loin, il venait d'entrevoir un grand but. C'était une dernière ressource. Une partie suprême à jouer, dont, séance tenante, il fallait ne pas supprimer la meilleure, l'unique carte.

Il eut donc la force de parler morale, devoir, à la jeune fille, de lui conseiller un sacrifice :

— Faites-le pour votre père, ce mariage !

Et il la repoussait insensiblement vers la galerie. Une larme eût été en situation. Il poussa au moins quelques gros soupirs.

Aline repartie, il s'enferma. Ici, dupe de sa sensibilité, ne s'imagina-t-il pas être amoureux, souffrir ? Quelque chose en lui, réellement, se déchirait. Dans son grand lit ancien, à colonnes, un peu dur, il s'endormit très tard, après s'être traité d'imbécile, de visionnaire.

Mais, le lendemain, dans la clarté du réveil, la conscience de s'être vaincu soi même emporta définitivement cette faiblesse.

Et voici environ six ans que Saint-Evron est un homme fort. En six ans, il a fait du chemin, preuve que ses calculs se trouvaient justes. Il faut bien le dire, le « capital » de mademoiselle de Rochereuil, respectée par lui avant le mariage, est devenu l'œuf de sa fortune parlementaire. Foudroyée d'amour-passion à la suite du mémorable entretien nocturne, physiquement intacte mais prise à jamais de tête et de cœur, vaincue et matée, acquise à cet homme exceptionnel, la pauvre Aline, aux apparences si fières, a été la personne-lige, l'esclave, l'instrument docile, de Saint-Evron. Pour servir aux projets du maître, devenue bien vite la richissime madame Menou, elle a dû pousser l'abnégation jusqu'à se faire adorer de son mari. Sans se douter du pourquoi, celui-ci, faible et aveugle, a porté l'ambitieux. Aujourd'hui, au comble de ses premiers vœux, conseiller général d'abord, puis à la Chambre, Saint-Evron respire.

Pour qui ne se laisse pas prendre aux apparences, son attitude au Palais-Bourbon, pendant la dernière session parlementaire, vient d'être révélatrice. Malgré le grand talent de parole qu'il avait révélé lors des réunions électorales ; malgré de véritables tours de force oratoires, çà et là, au milieu des gros villages, s'adressant tantôt à des demi-brutes et tantôt à des madrés, hostiles et retors ; malgré la certitude d'une prodigieuse action sur les masses, action à laquelle il devait au moins autant de votes qu'aux écus de M. Menou, le nouvel élu n'est pas monté une fois à la tribune. Pas même de sa place une simple interruption. Il écoutait, prenait des notes, étudiait le terrain, se réservait. Rien d'impossible que, dans la session nouvelle, choisissant son heure, saisissant une occasion, le muet ne débute par quelque coup de tonnerre. Il faut s'attendre à tout, de lui, au meilleur et au pire. Cet homme ne rêve-t-il pas d'être un jour le maître de la France, — d'une seconde madame Menou.

UNE BELLE VIE

I

Fanfan Beleu était un simple chien croisé, sans valeur marchande, résultat du banal accouplement d'un père caniche, croisé lui-même, avec une mère de l'espèce barbet. Signalement : blanc, le poil ras, tacheté de jaune. Signe particulier : aucun. Ni laid ni beau, l'œil vif intelligent ; mais dans l'ensemble, rien d'extraordinaire. Rien qui accrochât au passage l'attention de l'observateur superficiel, ce qu'il avait de plus typique étant une chose cachée.

II

Par une matinée de mai, il faisait très chaud. Le caniche croisé des œuvres duquel devait naître Fanfan Beleu, appartenait à un commis-voyageur, qui, par état, était toujours par monts et par vaux, courant du matin au soir les grandes routes, dans un de ces légers cabriolets à deux roues, appelés « tape-cul », quelquefois aussi « mort-subite ». Parti à l'aube ce jour-là, sans autre société que son caniche, qui sommeillait à côté de lui, le commis-voyageur arriva, vers les neuf heures du matin, à une sorte de petit bois. Là, à droite, de hauts châtaigniers séculaires interceptaient les rayons du soleil. Une source limpide, sortant d'un rocher, formait comme un attirant abreuvoir. Son tape-cul arrêté, le voyageur, le caniche, et le cheval lui-même, se désaltérèrent avec volupté. Puis, profitant de la fraîcheur délicieuse de cette espèce d'oasis, l'homme satisfit un léger besoin naturel et se mit à bourrer longuement une pipe. Au moment de remonter dans le véhicule, il s'aperçut que le caniche n'était plus là. Il appela. Rien ! Il siffla. Pas davantage ! Que s'était-il donc passé ? Oh !

une chose bien simple, très ordinaire, et pourtant profonde comme les intentions de la nature, insondable comme les arcanes de la mort et de la vie. A quelques pas de son maître, sur un lit de gazon, derrière un tronc énorme, le caniche était accouplé avec une chienne barbet, accourue d'une ferme voisine, attirée également par la source, par la fraîcheur, sans doute aussi par quelque impérieux instinct d'amour.

Autour d'eux, la nature « était complice » et consentait. La saison printanière, l'heure matinale encore, l'âge de la lune, cette grande coupole bleue, sans nuages, qui se creusait au-dessus de leurs têtes, les excitations d'un vent embrasé que l'ombre des vieux arbres changeait en caresse, tout, les poussait à subir cette universelle loi d'amour qui assure la perpétuité des espèces. Et, lorsque le commis-voyageur découvrit enfin à quoi son caniche était occupé, l'homme lui-même, « l'homme », ne donna pas de fausse note au milieu de ce concert bienveillant et tutélaire des choses. Au lieu de s'impatienter, le brave garçon — se disant peut-être que, le soir venu, il en ferait autant, lui, arrivé à Orléans, la ville de Jeanne d'Arc, dans une bonne maison où on le recevait toujours bien — s'agenouilla au bord de la source et s'amusa à y renifler de l'eau glacée, que, comme un triton, il rejetait ensuite par le nez. Enfin, le mystère consommé, quand le caniche et son maître remontèrent dans le véhicule, Fanfan Beleu était conçu.

III

Tant qu'il poussa à la ferme, aux environs d'Étampes, parmi les coqs, les poules, oies et dindons, et les porcs, rien ne dénonça les prodigieuses facultés futures de Fanfan. Pour « la gueule », mon Dieu ! c'était un jeune chien doué d'un solide appétit, aimant assurément les bons morceaux, mais les aimant avec la gaminerie de son âge. Quant à l'autre grand instinct de l'existence, rien encore. Vers la fin d'un été, Fanfan Beleu, âgé d'un an, fut donné par le fermier à un paysagiste impressionniste, qui, chaque hiver, passait trois mois à Paris.

Dans l'atmosphère chargée de la capitale, Fanfan Beleu fut tout de suite un autre chien. Sa puberté éclata un beau matin comme une fanfare héroïque. Son vertueux maître, esprit honnête, droit, nourri de Fourrier et de Proudhon, voulut au commencement le tenir à la laisse. Allez donc vous opposer à quelque force vive de la nature, ayant sa logique destination ! Tâchez de fermer les chutes du Niagara avec un bouchon de carafe.

ou d'éteindre une éruption du Vésuve avec un arrosoir d'eau! Fanfan Beleu, dans son genre, était un Vésuve et un Niagara. Coupant les laisses, déjouant les entraves, sautant par-dessus les prohibitions, il désertait des trois ou quatre jours de suite l'atelier, emporté par son tempérament, courant à ses passions, tête baissée.

Et, le quatrième jour — c'était le plus ordinairement au milieu de la nuit — après une vie de bâton de chaise, Fanfan, éprouvait-il enfin l'envie de réintégrer le domicile de son maître, faisait de longues stations devant la porte de la rue, guettant la rentrée de quelque locataire attardé. Enfin, cette porte s'ouvrait-elle, il se faufilait à l'intérieur, passait comme un rêve devant la loge endormie, arrivait au cinquième. Là, sur le paillasson, nouvelle attente fiévreuse. A la fin, tantôt grattant, tantôt aboyant, tirant même avec sa patte le cordon de sonnette, le fatigué d'amour parvenait à se faire ouvrir.

IV

Désarmé par tant de passion ingénue, le peintre proudhonien, reconnut enfin qu'il n'y avait pas à intervenir. S'inclinant devant le vœu de la nature, il ne tenta plus rien pour contrarier ce penchant auquel Fanfan Beleu se laissait aller, autant par des prédispositions héréditaires que grâce à une conformation physique très accusée. Dès lors, commencèrent quelques belles années. Fanfan vivait comme un Casanova, en gentilhomme de la passion, en grand seigneur de la vie, ne relevant que de lui-même, ne connaissant d'autre loi que son plaisir, d'autre frein, que la fin normale ou accidentelle de ses désirs, que la satiété, le besoin de changement ou l'attrait éternel de l'inconstance.

Et il ne songeait même pas à écrire ses Mémoires.

Ce fut donc une magnifique et enviable existence. Partout où il passait, Fanfan ne trouvait ni bégueules ni cruelles. Certaines gens feraient sortir du pavé des pièces de cent sous : du pavé parisien, lui, Fanfan, faisait sortir de l'amour. Tout lui était bon. Il arrivait à son maître de dîner très tard, dans un petit bouillon paisible, de la rue de Boulogne. Plus d'autres clients qu'une vieille fille, au nez osseux, aux mains en fuseau, qui n'en finissait pas de grignoter des mendiants. Mirza, un amour de petite chienne blanche, toute frisée, son ruban bleu autour du cou, était attachée au pied de la chaise de la vieille fille, par précaution. Tout à coup, quand le peintre se levait pour partir, il s'apercevait que son chien était attaché lui-même à la chaise de la vieille fille. Suspendue à Fanfan six fois plus haut qu'elle, Mirza ne touchait plus terre; Mirza n'était plus qu'une boule blanche sans tête ni pattes, un galant et palpitant pompon d'amour.

V

Pendant dix-huit mois, piqué par la tarentule des voyages, le paysagiste se promena un peu partout, en Espagne et en Italie, en Angleterre et en Écosse; puis, toujours suivi de Fanfan, auquel, peut-être par la loi des contrastes, il s'était sincèrement attaché, l'artiste fit une saison à Granville. Partout son don-juan de chien, se prodiguant à toutes, semait de la graine de Fanfan Beleu, sans compter. Enfin, vers l'âge de cinq ans, la maturité pour l'espèce, connaissant à fond la vie, ayant couru le monde, Fanfan revint habiter Etampes, son pays. Là, sur le sol qui l'avait produit, sous le ciel indigène, avec le climat et la flore, et le milieu pour lesquels il était fait, toutes sortes de mystérieuses influences accrurent encore sa force. Il devint « le baron Hulot » lui-même.

Comme Hulot, Beleu était insensible à tout ce

qui n'était pas sa passion maîtresse. La religion ? Il s'en moquait comme de Colin-Tampon, mettant pourtant les pieds à l'Église, malgré le bedeau, les jours où l'on donnait le pain bénit, dont il parvenait toujours à escamoter quelque morceau. La politique? Inutile d'en parler, même pour mémoire. L'art lui-même, l'art? Beleu, c'est regrettable à dire, n'avait pas pour l'art le respect qu'il aurait dû. Son maître, ni avec des flatteries, ni avec du sucre, même par menaces, ne parvint jamais à le faire poser sérieusement. La musique elle même paraissait à Beleu une jouissance vague et inférieure. Un jour, pourtant, son maître le conduisit au Cirque. Assis sur son derrière, Beleu parut également insensible aux sauts et dislocations des clowns, aux grâces, en maillot rembouré, des écuyères. Mais il manifesta une expressive émotion pendant les exercices d'une chienne savante. Si le peintre n'avait eu la prudence de le saisir par le collier, Beleu, sautait sans vergogne sur la piste; embrassait par coup de tête la carrière acrobatique.

Mais les chiennes ! les chiennes! Beleu était tout le temps sous le coup d'une idée fixe. Il en rêvassait, la nuit; certains gémissements révélaient vers quoi se portaient ses songes. Même, lorsqu'on nommait devant lui l'objet éternel de sa convoitise, il en était arrivé à comprendre positivement la voix humaine.

— Écoute, Fanfan Beleu... Écoute bien... Une petite chéchienne!!!

A ces mots, « une petite chéchienne », un voluptueux gémissement étouffé lui gargarisait la gorge: un inoubliable gémissement, comme un râle d'amour contenu, qui vous émouvait. On le sentait sortir des entrailles de l'être, et il en révélait long sur les déchirements du désir.

VI

Fanfan Beleu parvint ainsi à une glorieuse vieillesse, ne sentant pas monter le pitoyable apaisement de l'âge.

Les derniers mois de sa vie, il était le même affamé d'amour, cherchant à posséder toutes les chiennes de la contrée. Entre toutes, il en cultivait trois, de front; à l'entre-croisement de deux routes, il avait trouvé une sorte d'observatoire où il passait ses journées à guetter les trois.

L'une, Finette, la chienne du moulin, était pour Fanfan une sorte de chienne légitime, s'amenant d'elle-même quand elle était à point, se présentant à son seigneur et maître ; celui-ci lui rendait alors hommage, un hommage qui tenaît du devoir, ponctuel et méthodique, presque sans plaisir.

Chez Blanche, la seconde, une chienne du monde, une jolie levrette qui appartenait au château, Fanfan Beleu semblait avoir rencontré une sorte d'amour de tête, peu substantiel, fait de satisfactions vaniteuses, noyé de platonisme, se passant en aboyants madrigaux, jappés à distance.

L'autre, enfin, Rosette, la chienne du boucher, était pour lui une véritable chienne des sens, celle pour laquelle on brûle d'un amour inextinguible, qui vous vide jusqu'aux moelles et dont on meurt à la fin, en chérissant son supplice. C'est ce qui arriva subitement à Fanfan Beleu, un beau matin d'été, sans souffrir. Après une dernière nuit passée avec Rosette, au bord de la rivière, dans les prairies embaumées.

A LA GUERRE

En août 1870, j'avais affaire du côté de Metz, en pleine fournaise, mais pour des motifs personnels, sans aucun rapport avec notre dégringolade. Arrivé à Nancy, plus de train. Me voilà très contrarié. Je passe la matinée à tourner comme un ours en cage, dans la ville, pleine de désarroi. Il n'était pas précisément coupé, ce satané chemin de fer. Des trains partaient encore, à chaque instant, mais des trains réquisitionnés par l'autorité militaire. A quel officier supérieur recourir?

La nécessité me force à me remuer. Je fais la connaissance, au café, d'un aide-major, qui me présente à un intendant, lequel me fait parler à un général. Le général, affolé, m'envoie aux cinq cent mille diables. En y allant, tout penaud de n'être qu'un pékin, je rencontre un assez bon garçon de curé de village, fortement obèse, au teint fleuri, cherchant comme moi à partir. Il m'offre d'associer nos efforts. Je lui fais accepter une prune devant un petit café borgne, hors la ville. Nous nous rendons chez un second général, encore plus mal embouché que le premier. Pourtant, grâce au prestige de la soutane, nous entortillons l'homme aux étoiles.

— Foutre ! vous avez de la chance, vous deux, nom de Dieu ! Un train va partir : vous ferez la route, avec quinze cents hommes que j'expédie au quatorzième corps... Filez à la gare !

Et nous voilà filant à la gare, mon abbé et moi, à grandes enjambées.

La locomotive avait sifflé. Bondé de lignards, de moblots, de soldats du génie, de sapeurs, le train s'ébranlait. En nage, essoufflés, mon compagnon et moi nous nous jetons dans le dernier wagon, qui se trouve être une deuxième classe. Enfin, ouf ! Quelle joie d'être arrivés à temps, assis l'un en face de l'autre, chacun dans son coin. Rien qu'un couple avec nous, à l'autre portière : un moblot et une jeune fille pas laide, sa fiancée peut-être, ou une cousine, ayant l'autorisation de faire un bout de conduite à son parent. Un vendredi, jour de Vénus, par un beau soleil, vers quatre heures de l'après-midi.

Le train filait comme un caissier infidèle. Mon

abbé était plongé dans son bréviaire. Moi, je me partageais entre le paysage et nos deux amoureux. Ils étaient gentils tout plein, l'un devant l'autre, se serrant de près, se regardant continuellement dans les yeux. L'air pas timide, mais tout de même joliment attrapé. Notre présence malencontreuse les dérangeait, rendait impossibles de chers projets. Et, me substituant à eux par la pensée, je souffrais moi-même de leur embarras. Sans l'abbé, au premier arrêt du train, j'eusse changé de wagon, tout attendri.

Cependant, la nuit tombait. Son bréviaire achevé, mon vis-à-vis, les deux mains croisées sur sa bedaine, s'était endormi. Moi, je regardais obstinément par la portière. Le temps s'était gâté, le paysage devenait triste. A mesure que nous approchions du but, se multipliaient les ravages évidents d'une sorte de trombe funeste. Partout, les cultivateurs serraient à la hâte leurs récoltes. Les routes étaient encombrées de véhicules qui emportaient des familles. Puis, il fit tout à fait nuit. Point de lune. Notre wagon n'était pas éclairé.

Alors, pendant que je faisais semblant de dormir comme l'abbé, à l'autre portière, une musique humaine, étrangement douce, commença à se faire entendre. Dans l'ombre, on eut dit ces fleurs mystérieuses qui ne s'ouvrent que de nuit: leur râle et leurs baisers.

Soudain, une station. Et, dans le silence du train arrêté, un roulement très lointain: le canon! On se tuait là-bas, à quelques lieues, sans que le moblot et sa petite prétendue interrompissent leurs roucoulantes tendresses.

Cependant mon vis-à-vis, réveillé, s'agitait comme un diable dans un bénitier, ouvrant et refermant son bréviaire, se mettant debout, bouclant sa valise dans le filet.

A voix basse, je lui fais observer que nous ne descendions pas encore.

— Comment! vous ne voyez pas? me répond-il avec une répugnance professionnelle... Ces deux créatures qui s'accouplent!...

Le petit moblot l'avait entendu. Alors, plus poli à coup sûr que son général, d'un ton modéré, mais convaincu :

— Permettez, permettez, monsieur le curé... Je serais joliment bon de me gêner... Demain, je vais peut-être me faire casser la gueule.

LES COCUS

UN DUEL

I

Ce samedi-là, contre toutes ses habitudes, au lieu de rester à la filature de la Croix-Rousse jusqu'à la fin de la paye des ouvriers, M. Torné, chef de l'importante maison Torné-Duclaud, fabricants de soie à Lyon, rentra chez lui, place Bellecour, avant cinq heures.

Il ne trouva personne au salon, « salon de compagnie » en province, blanc et or, magnifique, sentant son parvenu. Un grand feu de bois achevait de se consumer; il faisait tiède dans la pièce et quelque chose d'indéfinissable révélait qu'une jeune femme élégante avait séjourné là. De superbes plantes d'hiver garnissaient la jardinière. Il traînait de la musique sur le piano à queue.

Un roman à couverture jaune, tout luisant neuf, aux pages déjà cornées, bâillait sur le canapé.

M. Torné sonna.

— Où est madame? demanda-t-il à la femme de chambre qui se présentait.

Madame venait de sortir. La femme de chambre se retira. Il mit lui-même deux bûches dans la cheminée, puis s'assit sur le canapé, à côté du roman à couverture jaune, qu'il écarta un peu.

La nuit tombait. Oubliant sans doute sa présence, les domestiques ne lui apportaient pas de lampe. Il n'alluma point les flambeaux de la cheminée. Levé comme toujours depuis cinq heures du matin, une sorte de somnolence qui n'était pas sans charme l'avait pris. Tandis que le reflet des bûches enflammées dansait sur les fleurs bleues du tapis-moquette, lui, sur son canapé, dans l'angle le plus obscur du salon, se trouvait bien. Le roulement des fiacres passant sur la place Bellecour, ne lui arrivait qu'affaibli. Cette paix, cette ombre, cette atmosphère où il retrouvait comme une émanation de sa femme, tout cela lui semblait reposant et doux. Valentine rentrerait quand elle voudrait! Comme un amant qui guette la venue de celle qu'il aime, il l'attendrait; l'attente le rendait déjà heureux.

Six heures sonnèrent. Comme il l'aimait, sa femme, Valentine, une jeune fille sans fortune, épousée depuis un an et demi! Une folie, certes, un coup de tête et un coup de cœur, que ce mariage ! De la démence pure de sa part, il se l'était souvent avoué, et avant la célébration, et depuis. Parti de bas, sans éducation première, en outre, contrefait comme il savait l'être, presque estropié, avec un pied-bot et la taille déviée, claudicant, chétif et souffreteux, perclus de vieilles douleurs, enfin quinquagénaire, lui, faisait un drôle de mari pour une jeune femme de vingt-cinq ans, délicieusement jolie et distinguée. Mais il l'aimait, il l'aimait. Ne connaissant que le travail, il n'avait jamais eu de jeunesse. Dans quel but vivre, à quoi bon les millions honorablement gagnés, s'il ne s'était pas offert, un jour, cette débauche d'arrière-saison ? Oui ! cette Valentine devenue sa femme, c'était son vice à lui ! A peine marié, il avait connu, de longs mois, la désolation de la trouver glacée de toute la répulsion prévue. Mais, depuis quelque temps, voici qu'elle ne semblait plus la même à son égard. Quelque chose qu'il ignorait la transformait avantageusement, la rendait plus belle et plus douce. Et lui, en concevait de chères espérances. « Qui sait ? on s'accoutume aux laideurs physiques, à la longue ! » Et il redoublait d'amour, de bonté, de prévenances, afin d'arriver au cœur de Valentine. Aujourd'hui même, à la Croix-Rousse, en plein coup de feu de l'après-midi, Duclaud, son associé, n'étant même pas là, une impatience folle de voir tout à coup Valentine l'avait fait s'échapper comme un collégien. En route, chez un bijoutier de la rue de Lyon, il avait acheté une bague de onze cents francs pour lui faire une surprise. Il ne l'avait pas perdue, au moins? Vivement il porta la main à gauche, sur son gousset. Il sentit l'écrin.

Sept heures sonnèrent. Maintenant elle n'allait pas tarder. Et, en pensée, il retournait à la Croix-Rousse, croyait voir le caissier fermer sa caisse. Il récapitulait la journée, la semaine, la saison, dressait un bilan de leur prospérité. Le matin encore, Duclaud, son jeune associé, qu'il aimait comme un fils, lui avait apporté d'excellentes nouvelles. Jamais peut-être, en lui, l'industriel et le mari ne s'étaient trouvés à la fois aussi pleinement heureux. Soudain, en une minute, tout ce bonheur s'écroula comme un château de cartes.

Des pas et des voix dans l'antichambre. Valentine et Duclaud. Ce qui n'avait rien d'étonnant, son associé dînant avec lui chaque samedi. Puis, la porte du salon ouverte. Et avant qu'il eût bougé sur son canapé, sa femme et le jeune homme étaient là, devant la cheminée, se croyant seuls. Et il n'y avait pas à douter : Valentine et Duclaud étaient deux amants, repus de volupté, qui profitaient de l'obscurité pour se manger encore de caresses.

II

Le surlendemain lundi, dès six heures du matin, M. Torné arriva comme d'habitude pour l'ouverture de la fabrique, le premier. On eût dit qu'il sortait de maladie. Son pied-bot le faisait boiter davantage. Il avait l'air si défait, le visage si jaune, que le caissier crut devoir s'informer de sa santé.

— Ce n'est rien ! répondit-il. Une simple indisposition, qui suivra son cours...

Et il parla d'autre chose. Puis, au bout d'un moment :

— Où est mon associé ?

M. Duclaud n'était pas encore arrivé. Le front de M. Torné se plissa. Mais, se maîtrisant aussitôt :

— Veuillez m'envoyer le contremaître... J'ai plusieurs recommandations à lui faire.

Il n'en avait pas fini avec celui-ci, quand M. Duclaud entra, blanc comme si on lui avait tiré la moitié de son sang. Jusqu'à neuf heures et demie, les deux patrons travaillèrent dans leur cabinet, ensemble, expédiant les affaires courantes comme si rien n'était, prenant en commun des résolutions décisives pour l'avenir de la maison. Puis, le gros de la besogne achevé, M. Torné avertit un commis que personne ne vînt les déranger ; il referma d'ailleurs à clef la porte du cabinet. Le mari et l'amant de Valentine étaient en présence.

— Veuillez vous asseoir, commença M. Torné, en se tournant vers le jeune homme.

Les jambes de celui-ci flageolaient. Comme un condamné qui va entendre le verdict du jury, il se laissa tomber sur une chaise.

— Vous êtes un drôle, un lâche et un misérable, articula M. Torné, posément, comme s'il commençait l'exposition d'une affaire.

L'autre releva la tête.

— Monsieur !

— Veuillez ne pas m'interrompre, reprit M. Torné. La colère ne m'emporte pas... J'ai assez réfléchi depuis trente-six heures... Je suis fixé sur ce que je dois vous dire.

Sans hausser la voix, avec méthode et lucidité, il commença par rappeler tout ce qu'il avait fait pour lui :

— Je vous ai vu naître ; mon père était canut chez le vôtre... J'avais douze ans et je commençais à travailler, quand vous êtes venu au monde... A dix-huit ans, moi, quand vous en aviez six, je vous apportais des bateaux que je m'amusais, le dimanche, à sculpter dans une écorce d'arbre et à gréer de mâts, de vergues et de voiles ; pour remerciements, vous me tiriez par

la barbe ou me donniez des coups de pied...
Quand vous eûtes vingt ans et moi trente-deux,
après la faillite et la mort de votre père, vous vous
êtes trouvé sur le pavé, incapable de gagner un
sou malgré votre belle éducation ; alors, moi,
avec quelques économies, j'ai monté cette filature, et, réfléchissant que cet argent me venait de
M. Duclaud père, j'ai pris son fils pour associé,
sur le pied d'une égalité d'apport...

Ici, un sanglot étouffé du jeune homme, un cri
de douleur et de révolte, coupa la parole, à
M. Torné. Ne pouvant en entendre davantage, Duclaud s'était mis debout. Il ne les savait que trop,
ces choses ! Comme aussi la façon basse, indigne,
dont il avait reconnu les bienfaits d'une sorte de
frère aîné. De grâce, il n'y en avait pas à attendre.
Le sacrifice de sa vie était fait d'avance. Alors,
quel besoin de le tuer ainsi à petit feu ?

— Abrégeons... Qu'avez-vous décidé ?... Dites
vite...

— Eh bien ! conclut alors le mari, je ne suis
pas un assassin, moi... Si j'avais eu une arme à la
main, samedi, peut-être ?... Mais je n'irai pas,
maintenant, de sang-froid... Il faut pourtant qu'un
de nous deux disparaisse de la vie. Pour éviter
l'assassinat, il n'y a qu'un duel ; mais, vous comprenez, pas un duel ordinaire, un duel pour rire,
qui ne ferait que nuire à notre considération sur
la place... Nous ne sommes pas des gentillâtres,

nous, ni des journalistes. Une rencontre, sur le pré, entre les deux têtes de la maison Torné-Duclaud, songez donc ! c'est ça qui ferait se frotter les mains aux Martin-Latour, aux Chambon-Valchère aussi... D'ailleurs, avec mes infirmités, je ne trouverais peut-être pas de témoins, même parmi des sous-officiers...

Duclaud rougit, baisa la tête. Une rencontre sur le terrain, entr'eux, était en effet impossible. M. Torné lui expliqua alors qu'il avait cherché un genre de duel réunissant les conditions suivantes : 1° absence de témoins ; 2° certitude de la mort d'un des adversaires ; 3° égalité absolue des chances et sécurité pour le survivant. Et il lui passa un papier.

— Voici ce que j'ai rédigé et signé... Veuillez en prendre connaissance, puis signer à votre tour.

Tout en lisant, Duclaud sentit un petit souffle froid lui passer sur la nuque. « Par la présente », les deux soussignés convenaient d'un tirage au sort, par le mode le plus simple, c'est-à-dire à la belle lettre : le perdant s'engageait à mettre fin lui-même à ses jours, dans un délai ne dépassant pas un an. Duclaud, n'ayant pas d'objection à présenter, signa silencieusement, pendant que M. Torné faisait remarquer qu'il n'était pas nécessaire de créer « un double ».

— Celui des deux qui deviendra créancier de l'autre, restera détenteur de la minute.

Puis il alla chercher un épais volume, « le Bottin des départements », qu'il plaça devant son adversaire.

— N'est-ce pas? il vaut mieux en finir?...
— Sans doute! répondit le jeune homme, très pâle, maître de lui, pourtant.

Et avec la correction froide, mais résolue, d'un combattant sur le terrain, il piqua au hasard la pointe d'un canif entre deux feuillets du Bottin. Il était convenu que la dernière lettre au bas de la dernière colonne du *recto* compterait. Celui qui amènerait *a*, ou la lettre la plus rapprochée de l'*a*, serait le vainqueur. Duclaud amena un *b*.

Mais M. Torné ayant tiré un autre *b*, il fallut recommencer. Cette fois, le vieillard tomba sur le *t*, vingtième lettre de l'alphabet. C'était presque un homme perdu.

Avec une main qui tremblait, maintenant que le danger semblait conjuré, l'autre amena l'*u*. L'amant de Valentine n'avait plus qu'un an à vivre!

III

Une fois hors de la filature, quand il retrouva le ciel bleu, les rues ensoleillées et les arbres, les passants pressés ou flâneurs, Duclaud éprouva un réel bien-être. Échappé à un cauchemar, il croyait rentrer dans l'existence ordinaire.

Oh ! oui, il faisait bon vivre ! Dix heures sonnèrent. Dans la gaieté du matin, une voiture de place l'emportait loin de la Croix-Rousse. La vue des quais de la Saône bientôt l'attendrit. Et Fourvières donc, pas estompée de brouillards par cette exceptionnelle journée d'hiver ! Il déjeuna de grand appétit dans le meilleur restaurant de Lyon.

Son café bu, il paya l'addition, après l'avoir refaite, par habitude, mais laissa toute la monnaie au garçon. Et, avant de sortir, il alluma un excellent cigare. A quoi allait-il employer son après-midi ? C'est alors qu'une mélancolie étrange commença à l'envahir.

Il marcha longtemps sans but, regardant machinalement des devantures. Que faire ? Où aller ? C'était l'heure où, d'ordinaire, il trouvait Valentine à quelque rendez-vous. Un désœuvrement, effet de l'habitude brisée, l'accablait. Et il sentait pourtant que cette femme lui était devenue indifférente.

Assis devant un bock, dans un grand café, accoudé sur le *Journal amusant*, il regardait sans voir, devant lui. Peu à peu, la nuit tomba. C'était justement l'heure où, samedi, l'avant-veille, il la tenait pour la dernière fois dans ses bras, fier d'elle, ivre de volupté, se croyant un homme heureux. Pourquoi, maintenant, évoquait-il enfin son image ?

Et, un garçon ayant allumé tout au fond du café un premier bec de gaz, il crut soudain qu'on lui éclairait son propre cœur. Valentine n'existait plus pour lui. On lui eût dit qu'elle était là dehors, seule, l'attendant, qu'il ne se serait pas dérangé. Une sorte de voile impénétrable, morne comme un suaire, la lui dérobait à jamais, anéantissant son amour, étouffant le souvenir.

Alors, dans un besoin de s'étourdir, il se rendit à son cercle, dîna en nombreuse compagnie, joua, perdit, gagna ; puis, il retourna au café, entra dans un théâtre, soupa avec deux dames, but, affecta d'être gai, débita des folies, ne rentra chez lui qu'à trois heures du matin.

Maintenant qu'il se trouvait seul, un poids énorme lui retombait sur la poitrine. L'habitude le fit pourtant se déshabiller, se préparer un grog comme les autres soirs ; sa pipe allumée, il en tira même quelques bouffées. Mais, une fois au lit et sa bougie éteinte, quelle angoisse !

Voilà tout de même que le premier des jours qu'il lui restait à vivre, était achevé, allait tomber dans le néant. Plus que trois cent soixante-quatre autres à passer, à la fois interminables et courts, également vides. Puis, sonnerait l'heure de l'échéance : il faudrait payer. Et, dans son exactitude commerciale, l'idée ne lui vint même pas, qu'au dernier moment, il pourrait ne point faire honneur à sa signature, obtenir peut-être un sursis, en tout cas se dérober par la fuite.

Alors, traqué par son honnêteté professionnelle, tout espoir perdu, mortellement atteint, se sentant déjà hors de la vie, il prit un parti, très vite. Sautant du lit, la bougie rallumée, il passa dans son cabinet, pour écrire une longue lettre à sa mère. Puis, devant la fenêtre ouverte, ayant vu l'aube d'un nouveau jour pâlir le ciel, il se brûla la cervelle.

Ce même matin, vers neuf heures, à la Croix-Rousse, M. Torné, désorienté par l'absence de son associé et ayant besoin de lui parler affaires, sauta en voiture, se fit conduire chez le jeune homme, incertain sur ses intentions, n'ayant lui-même pas fermé l'œil, décidé peut-être à pardonner. Il agita en vain le cordon de la sonnette, puis appela le concierge, qui fit monter un serrurier. Le corps de Duclaud était froid.

UNE FEMME DE TROP

I

Le petit salon jaune, aux Violettes. Les Violettes, une jolie propriété aux environs de Nantes, où madame Letellier, veuve d'un riche armateur, et sa fille unique, Louise, passaient la plus grande partie de l'année. Trois personnes dans le petit salon jaune. La conversation tombait. Madame Letellier, assise devant une des grandes portes-fenêtres, comptait tout bas les points de sa tapisserie. Louise s'était mise au piano. Renversé en arrière dans un fauteuil, M. Henri d'Orgeval, un voisin de campagne, parcourait les journaux que le facteur rural venait d'apporter. Et l'après-midi avançait. La pluie empêchait de sortir, une persistante pluie d'automne, qui vous mettait du gris dans l'âme. La jeune fille au piano, une blonde, délicate, effleurait à peine les touches, ne choisissant que des morceaux très doux, comme si elle eût joué à côté d'un malade.

Le « malade, » le comte Henri d'Orgeval, âgé de trente-cinq ans, en paraissait davantage. Pas beaucoup plus, pourtant. Son fin visage de brun mat, à profil de médaille, présentait un exceptionnel contraste de grande jeunesse conservée et de précoce vieillesse. Tandis que son front pur, ses tempes lisses, sans la moindre patte d'oie, ses joues légèrement rosées, eussent pu appartenir à un tout jeune homme, et montraient « un teint de province » — le teint d'un garçon ne s'étant pas brûlé par les deux bouts dans les excès, vices, mauvaise hygiène et excitations innombrables de la haute vie parisienne, — ses cheveux, et même sa barbe à la Henri III, commençaient à blanchir. Puis, quelque profond chagrin, longtemps dévoré en silence, faisait brûler d'un éclat fébrile ses yeux enfoncés. A vingt-quatre ans, quelques mois avant la guerre, par la mort successive de deux oncles, Henri s'était vu un beau matin à la tête de trois millions. Presque tout de suite, Reichshoffen. Il lui avait fallu quitter ses vêtements de deuil, pour une tunique de moblot. Puis, un an après le siège de Paris — on se marie beaucoup après les grandes hécatombes nationales — Henri s'était marié, et mal. Dix-huit mois après le voyage de noces, la jeune comtesse Blanche d'Orgeval, surprise presque en flagrant délit, s'était enfuie. Fou de colère et de douleur, Henri, l'hôtel de la rue de Varennes vendu, s'était retiré à Orgeval, le château paternel, où il avait passé toute sa jeunesse. Là, il fût peut-être mort, sans le voisinage de l'excellente madame Letellier, une parente éloignée, par sa mère.

Depuis que Louise avait terminé son éducation au Sacré-Cœur de Nantes, il continuait à venir fréquemment voir « ses cousines », aux Violettes, où il séjournait parfois toute une semaine. A vrai dire, il n'était maintenant heureux que là, oubliant, ne formant aucun projet, se laissant vivre, faisant sa consolation de mille petites joies furtives, comme de celle d'entendre Louise bercer sa mélancolie avec de la musique choisie exprès pour lui.

Il parcourait donc d'un œil distrait les feuilles de Paris, lorsque, soudain, en proie à une profonde émotion, il laissa tomber le journal. Mais, l'ayant ramassé aussitôt, il relut furtivement quelque chose, comme s'il n'était pas sûr. Enfin, un cri lui sortit de la gorge. Il se mit debout.

Le piano s'était tu. Louise regardait M. d'Orgeval, et son visage, exprimait une interrogation pressante, naïvement tendre. Celui-ci, lui tournant le dos, passa le journal à madame Letellier.

— Lisez!

A la troisième page, une dépêche d'Allemagne, envoyée d'Ems, annonçait que « une de nos plus élégantes demi-mondaines, la comtesse Nika » venait d'être trouvée morte dans son lit. On croyait à un suicide. Une bouteille de laudanum avait été trouvée débouchée sur la table de nuit.

La comtesse Nika, c'était le nom de guerre de la femme d'Henri. Pas de doute ! Depuis trois ans qu'elle vivait avec une sorte de chevalier d'industrie, un exploiteur de casinos, la comtesse se rendait chaque été aux eaux d'Ems.

II

Le dîner, ce soir-là, aux Violettes, fut avancé d'une heure. Assis à sa place ordinaire, M. d'Orgeval ne prononça pas une parole. Était-il triste? Se sentait-il au contraire soulagé d'un grand poids? Il n'eût pas su le dire. L'événement était trop récent, trop inattendu, pour qu'il pût déjà voir clair en lui. Tantôt, cédant à l'habitude, ses yeux cherchaient ceux de Louise, mais en vain : la jeune fille tenait ses regards obstinément baissés. Tantôt, oubliant qu'elle était là, il pensait à toute sorte de choses anciennes. Des souvenirs, depuis longtemps effacés, surgissaient. Des brûlures d'autrefois se ravivaient, cuisantes. Et, dans sa fièvre, il lui fallait faire effort pour revenir au sentiment net de la réalité. Qu'avait-il vu, après tout, dans ce journal? Du noir sur du blanc ! Des mots enfilés à la suite les uns des autres ! Cela suffisait donc pour changer irrévocablement sa vie ! Pour creuser devant lui un trou, un trou énorme, au bord duquel, n'en sondant pas encore la profondeur, il éprouvait présentement l'horreur du vide, le vertige de l'incertitude.

Avec tout ça, il avait oublié de toucher au saumon servi, depuis longtemps, dans son assiette. Alors, madame Letellier, maternellement :

— Ce n'est pas raisonnable, Henri !

Et, quand on passa le rôti, Louise à son tour :

— Voyons ! au moins un peu de poulet, mon cousin ?... Laissez-moi vous servir.

Puis, la mère et la fille, ensemble, le conjuraient de ne pas partir le soir même. Le cocher pourrait bien aller sans lui à Orgeval, en rapporter tout ce qu'il lui fallait pour son voyage à Paris. Le lendemain matin on le conduirait à la gare. Mais Henri tint bon, ayant le temps, selon lui, de passer par Orgeval, de prendre encore le train de minuit cinquante. Alors, quand on se leva de table, ces dames coururent mettre leurs châles. Elles voulaient au moins l'accompagner en voiture.

III

Louise, et sa mère s'assirent au fond du coupé. Lui, se plaça devant les deux femmes. La nuit était froide ; on baissa la glace de chaque portière. Et les excellents poneys de madame Letellier partirent au grand trot.

La lune s'était cachée. Une double rangée de grands châtaigniers bordait continuellement la route, obscurcissant encore la nuit. Aucune parole n'était prononcée. Tous trois se laissaient aller à leurs pensées, que berçait le roulement de la voiture. Mais Henri tenait secrètement une main de Louise.

Comme elle était douce à toucher et bonne, à la fois aimante et chaste, cette main. Lui, dans la sienne, eût voulu mettre toute son âme, dans l'espoir que toute son âme remonterait jusqu'au cœur de Louise. Que de choses il s'efforçait de faire passer en cette pression, des choses dont il n'avait jamais osé lui parler, depuis trois ans ! Oui ! en trois ans, sa pauvre raison eût cent fois éclaté, de désespoir et de honte, s'il n'avait connu la douceur de venir à chaque instant respirer un peu de calme et d'oubli aux Violettes, autour de la robe de la petite cousine. Pendant trois ans, il s'était peu à peu réaccoutumé à vivre, par elle, pour elle, et il l'avait aimée à son insu, d'un amour instinctif, sans espoir, inavoué. Aujourd'hui, libre tout à coup, il pouvait avouer, sans commettre un crime. Et voilà que cette main lui rendait pression pour pression, et lui disait énergiquement : « Moi aussi, il y a longtemps que j'aime !... Et nous serons enfin l'un à l'autre, pour toujours ! »

Aussi M. d'Orgeval se sentait-il un autre homme, lorsque, les onze kilomètres dévorés, il fit arrêter.

— Mais, si nous allions jusqu'au château ? proposa madame Letellier.

Non ! la route, détrempée par la pluie, en réparation d'ailleurs, devenait impraticable. La voiture y resterait. Par le raccourci, un sentier bien connu où il marcherait les yeux fermés, lui, aurait bien vite fait de grimper à pied, là haut. « Dans mon repaire ! » ajoutait-il gaiement.

Il les embrassa toutes deux, affectueusement. Pendant que les chevaux tournaient, madame Letellier lui cria de ne pas manquer d'écrire. Il écouta longtemps décroître le bruit des roues. Puis, le cœur plein, mais léger, dispos, avec une agilité, une jeunesse physique, qui le surprenait lui-même, il gravit son sentier de chèvre.

IV

Orgeval était noir comme de l'encre. A huit heures du soir, tout fermé, tout éteint. Pas la moindre lueur se glissant par quelque fissure des portes ou fenêtres! Mais, éclairé par une sorte de soleil intérieur, Henri ne s'apercevait même pas qu'il fît nuit. Accoutumé aux êtres, reçu par un de ses gros chiens qui vint silencieusement le caresser, il se dirigea vers la porte d'honneur.

En introduisant la clef dans la serrure, il était tout à des pensées consolantes. Quand il aurait épousé Louise, Orgeval embelli prendrait un tout autre aspect. Son train de maison augmenté, il donnerait des fêtes. Sa jeune femme et lui passeraient les hivers à Paris, où, sans racheter un hôtel, on aurait un pied-à-terre. Il fit quelques pas dans le vestibule. Soudain, devant la première marche de l'escalier, une vive clarté le stupéfia.

Au premier, accoudée sur la rampe et tenant une grosse lampe, une sorte de femme de chambre élégante, inconnue, l'éclairait. Un affreux soupçon le cloua sur place.

Et il ne se trompait pas. Derrière la camériste, à l'écart et dans l'ombre : sa femme! Madame

d'Orgeval, pas morte, même en parfaite santé!
En beauté aussi. Très provocante dans un déshabillé élégant.

Avancée maintenant au bord de la dernière marche, grande, fière, comtesse jusqu'au bout des ongles, elle l'attendait, debout. La femme de chambre s'était retirée.

V

Henri ne vit d'abord qu'une chose : le renversement de ses plus chers projets. Le premier saisissement passé, en un bond, il fut devant la comtesse.

— Henri! murmurait une voix savamment émue.

Mais Henri pensait à Louise, dont la petite main, naguère pressée, lui avait fait monter au cœur une chaleureuse force.

— Vous voyez! ajouta la comtesse. C'est moi, votre femme!... La mort n'a pas voulu de moi.

Et elle fit mine de se jeter dans ses bras. Mais le regard que lui jeta M. d'Orgeval, l'arrêta net. Henri, le front plissé, flairait quelque audacieuse machination. « Sa femme », maintenant, c'était Louise! Que venait-elle faire chez lui, l'autre,

« l'étrangère »? Ce suicide de la comtesse Nika à l'Hôtel de France, mensonge et comédie! Qui donc aurait pu donner à un journal la fausse nouvelle? Plein de méfiance et de rancune, des envies lui prenaient de saisir cette coquine par le bras, de la jeter au bas de l'escalier. Pendant ce temps, la comtesse, devant la console où la femme de chambre avait déposé sa lampe, remontait l'huile, tranquillement. Puis, prenant cette lampe, elle poussa la porte de l'antichambre. Henri, en proie à une exaspération croissante, la suivit. Quelle comédienne! Toujours forte et maîtresse d'elle. Au milieu des situations les plus fausses, de la tenue. D'autant plus dangereuse. Une metteuse en scène extraordinaire. Comme son faux suicide à Ems, comme le télégramme mensonger envoyé aux journaux, comme sa rentrée furtive à Orgeval, comme toute sa vie détraquée, voilà que l'antichambre elle-même, subitement, venait d'être préparée, machinée, truquée.

En quelques instants, madame d'Orgeval avait eu le temps d'installer dans cette antichambre un vrai campement de bohême. Avec un divan, poussé tout au fond, en travers, contre les rideaux anciens de la fenêtre, avec une peau de panthère étendue, elle avait improvisé un lit. A portée de la main, le contenu de son nécessaire de voyage, étalé. Ça et là, répandu sur le fauteuil et sur les chaises, pendant à terre, un entassement de jupes, de linge de corps, bas de couleur, pantalons et chemises de soie, mettait partout une voluptueuse intimité charnelle. Déjà installée de sa propre autorité, bien chez elle, au moins pour une nuit : à la porte pourtant de leur chambre conjugale. Là, à côté, ils avaient jadis passé leur nuit de noces. Aujourd'hui, théâtralement, par un raffinement de délicatesse préparé pour attendrir Henri au moyen d'un coup suprême, la comtesse semblait n'avoir pas osé franchir ce seuil sacré.

La pensée de Louise, mieux qu'une cuirasse, rendit M. d'Orgeval invulnérable contre toutes les séductions des sens ou du cœur. Un gros sacrifice d'argent le débarrassa du repentir intempestif de la comtesse. D'ailleurs, la comtesse Nika vient de mourir ces jours-ci, à Nice. Henri épouse Louise.

MONSIEUR BETSY

―

I

Parmi les habitués du samedi, quand la nouvelle se répandit que Betsy, l'adorée « miss Betsy », épousait François, un garçon du *Café du Cirque*, ce fut l'abomination de la désolation.

Cependant les deux futurs conjoints se convenaient. Elle, avec son sourire d'enfant, son nez imperceptiblement retroussé, avec l'éclat laiteux de son visage de bébé ravi, était une fine mouche, pleine d'ordre et de raison, bourgeoise en diable au fond, personnelle, égoïste, cachant sous des dehors évaporés un cœur froid, et des instincts de commerçante. Lui, tout jeune, n'ayant qu'un an de plus qu'elle, joli garçon presque imberbe, d'une beauté efféminée, champenois enfin, était un grand dadais, maigre alors, naïf, bêta. De sa mère, une paysanne, qu'il avait vu entasser des sous au fond d'un bas, il tenait aussi certaines habitudes d'ordre. Et, depuis son entrée au *Café du Cirque*, il se montrait à l'égard de Betsy d'un dévouement de caniche, lui apportant son verre de bordeaux et ses deux biscuits, quand elle descendait de cheval, lui remettant billets, bouquets, cadeaux, puis transmettant fidèlement les réponses de Betsy aux messieurs du samedi.

— Tiens ! il est tout plein gentil, le petit ! s'était écriée l'écuyère reconnaissante, la première fois que le garçon de café lui avait remis un poulet galant.

Bien qu'elle ne lui arrivât qu'à l'épaule, elle continuait à l'appeler « le petit ». Plus le message d'amour émanait d'un personnage sérieux, plus elle trouvait gentil le messager. Et la jeune étoile se levant à peine au ciel de la galanterie, la charmeresse des pschutteux du moment, qui ne s'appelaient encore que les gommeux, ne conservait pas les distances, volontiers familière, tutoyant même Francis, lui donnant une petite tape sur la joue en guise de pourboire. Le pourboire ! Francis ne devait rien perdre pour attendre. Betsy finit par lui en donner un fameux, énorme, inespéré, incroyable.

Certaine après-midi, vers deux heures, en

s'arrêtant au *Café du Cirque*, comme elle le faisait toujours avant d'aller à sa répétition, l'écuyère éprouva une joie.

— J'ai quelque chose pour vous! fit Francis du plus loin qu'il l'aperçut.

Et il lui tendit une lettre. L'amant principal de Betsy, M. Gilbert Laroque, un boursier, hardi et veinard, qui avait un pied-bot, lui annonçait la réussite complète d'un grand coup, depuis longtemps médité, qui faisait tomber de grosses sommes dans son escarcelle. La jeune femme devint rouge de plaisir. Ce coup de Bourse heureux, c'était pour elle la certitude d'avoir enfin une miniature de petit hôtel, convoité depuis longtemps, aux Batignolles. Gilbert le lui avait promis, comme épingle de jeu. Au comble de ses vœux de débutante de vingt ans, Betsy, après avoir lu et relu la dépêche que lui apportait Francis, devint pensive tout à coup.

Et elle regardait des pieds à la tête le garçon de café, debout devant elle, attendant ses ordres. Après avoir passé en revue la taille élancée du jeune homme, ses cheveux noirs bien plantés, son visage de fille, moustache naissante, l'écuyère, au lieu de donner la légère tape habituelle sur la joue rose du « petit », lui demanda brusquement s'il avait de l'ordre et de la conduite? Un bon caractère? S'il saurait conduire une voiture, soigner un cheval?

— Tiens, ces questions! fit le dadais avec un sourire.

Et il lui parla du vieux bas qui était la caisse d'épargne de sa mère; il ne s'était jamais grisé de sa vie; enfin, chez ses parents, à la ferme, il avait longtemps eu soin des deux chevaux de labour, et conduit lui-même leur carriole, au chef-lieu de canton, les jours de marché.

— Bon! Ça se rencontre bien! dit Betsy, distraite, hésitant encore.

Elle lui ordonna pourtant d'aller l'attendre, dans un quart d'heure, devant la porte des artistes. Elle ne ferait qu'entrer et sortir, histoire d'avertir qu'elle n'assistait pas ce jour-là à la représentation.

En ressortant du cirque, Betsy conduisit Francis jusqu'à un banc écarté des Champs-Elysées. Ils s'assirent. Et là, au murmure de fleuve des équipages, roulant sur la chaussée du milieu pour aller au Bois, elle expliqua à Francis ses intentions. Puisqu'elle le croyait sage, honnête, ne se grisant jamais, et qu'il savait conduire, elle avait une proposition à lui soumettre. Ils allaient se marier, oui! pour le bon motif, devant le curé et le maire. Aujourd'hui, tout de suite, il pouvait déposer à jamais la serviette de garçon de café; le soir même, elle le ferait dîner avec son vieux père. S'il voulait être gentil, et raisonnable, elle le rendrait très heureux. C'est qu'elle allait être riche! Son bienfaiteur, M. Gilbert Laroque...

— Oh! je le connais! s'écria ingénument Francis. Le soir, il vient assez souvent vous attendre au café!

Alors, sans sourciller, elle expliqua au jeune homme, que son bienfaiteur lui donnait un joli hôtel tout meublé.

— Tu verras, une bonbonnière! Et c'est installé!... Ce sera ma dot.

Elle s'appuyait sur l'épaule de Francis.

— Deux étages, dis!... Le premier pour moi toute seule. Toi et papa, vous logerez au second... Sans compter deux chambres de bonnes!

Elle frappait l'une contre l'autre ses mains frémissantes, aux ongles pointus. Mignon, petit, le jardinet était charmant tout de même, avec sa verte pelouse et deux grands arbres, une tonnelle au bout. Ecurie, remise, bûcher, poulailler, rien ne manquait. On achèterait vite un cheval, et pour commencer, un panier, que lui, Francis, conduirait. Serait-il fier de venir chercher au cirque sa petite femme! La mènerait-il bon train, sans la verser! Seulement, papa et son homme chéri auraient soin, tous les deux, de ne pas montrer mauvaise figure à Gilbert. Il ne lui avait jamais fait que du bien, Gilbert, son meilleur ami. Elle serait très ingrate de ne pas l'aimer, malgré son pied bot. D'ailleurs, c'était à prendre ou à laisser, et il y allait de leur avenir à tous; elle comptait ne jamais le perdre, ni même le mécontenter.

Et Francis, sur le banc, à côté de la jeune femme, dont le contact parfumé le faisait tressaillir, croyait rêver. Devenir le mari d'une pareille personne, « étoile » au cirque des Champs-Élysées, une artiste déjà célèbre, dont il voyait partout l'image reproduite, sur les journaux illustrés, sur les affiches, aux vitrines des marchands de photographies : se serait-il jamais douté? Dix ans auparavant? Le jour, par exemple, où son père, simple cultivateur champenois, étant mort, il avait dit adieu à « la vieille », pour venir à Paris à pied, en sabots? Mais quoi, dix ans! aujourd'hui, ce matin même, au moment où Betsy et lui s'étaient assis sur ce banc, il eût pris pour un mauvais plaisant quiconque lui aurait annoncé ce foudroyant coup de fortune. Maintenant encore, Betsy, partant d'un grand éclat de rire, lui dirait tout à coup : « Nigaud, je t'ai joué une farce! » cela n'aurait rien d'étonnant. Cette peur, par instants, le prenait, troublait sa félicité. Quant au bienfaiteur, au pied bot, à cet homme qui donnait des hôtels, et que « sa femme » parlait de conserver toute la vie, c'était le moindre de ses soucis. A ses yeux, pour le moment, M. Gilbert Laroque, boursier, n'existait même pas.

II

Betsy mariée, ni au cirque, ni à la ville, ne porta jamais le nom de « madame Francis ». Au contraire, ce fut Francis qui devint « M. Betsy. » Partout où il se montrait en public avec sa femme, au Bois, aux courses, au théâtre les soirs où le cirque ne jouait pas, on lui donnait de ce nom gros comme le bras. La célébrité de Betsy avait grandi très vite. Maintenant elle était cotée parmi les trente-six qu'on appelle « la plus jolie femme de Paris. » Monsieur était devenu lui-même un personnage, une physionomie parisienne en vue.

Depuis plusieurs années, il ne conduisait plus la voiture ; la fortune croissante du ménage leur permettait d'avoir un cocher, même un groom. Dégrossi peu à peu, habillé chez le bon tailleur, il s'était fait une sorte de distinction. L'habitude de se voir reconnu au milieu des divers Tout-Paris où il se montrait, le sentiment d'être en continuelle représentation, lui avaient donné de la tenue. Grand, plus étoffé, ayant pris un précoce embonpoint, portant haut la tête, il « marquait » l'homme arrivé jeune, devant qui les difficultés du début se sont aplanies vite. L'assurance de sa parole dénotait qu'il était quelqu'un; rien que sa façon de marcher, de s'asseoir, de saluer, d'allumer un cigare, indiquait qu'il avait pignon sur rue. Et Betsy, devant ce bel homme plein de respectabilité, se surprenait à être fière de son œuvre.

Avec son sourire d'enfant, son nez retroussé, avec l'éclat laiteux de son visage de bébé ravi, la fine mouche s'applaudissait chaque jour davantage d'avoir épousé « le petit ». Pleine d'ordre et de raison, bourgeoise en diable et personnelle jusqu'à l'égoïsme, satisfaite d'avoir eu la main heureuse, elle commençait à s'enorgueillir de son pouvoir sur les hommes.

A proprement parler, il n'y en avait pas qu'un, de « monsieur Betsy », mais bien deux, en titre; sans compter « papa », qui couchait au second du petit hôtel, juste au-dessus de sa fille, dans une chambre contiguë à celle de Francis. Papa, lui, dont la vieillesse avait des vices, qui courait les fillettes, qui buvait, était le point noir, le revers de la médaille, la pierre d'achoppement, de leur existence réglée. Oh! sans papa, comme on eût été heureux, tous les trois sous le même toit, tranquilles et d'accord, dans cette régularité quotidienne qui est la première condition du bonheur! Mais quand papa avait découché des moitiés de semaines, tout à coup, elle, au beau milieu de la nuit, dans son grand lit en bois des îles, était réveillée en sursaut par un vacarme insolite : papa rentrait. Le pis était qu'à côté d'elle, Gilbert Laroque, le pied-bot, son amant, réveillé en même temps, entendait tout. Papa geignait à la porte, tendre à une heure indue, demandant à embrasser Betsy tout de suite, sa « fifille adorée »; puis il finissait par se fâcher, tâchait de dévisser la serrure en murmurant contre elle, contre Francis, contre Gilbert, des choses ignobles et gênantes : « De l'argent, saleté ! De quoi ! Tu refuserais de l'argent à ton vieux père !... Le pied-bot ne casque donc plus ? Ou ton mec de mari râfle-t-il tout ? »

Heureusement François, ne dormant que d'un œil, se méfiait, descendait bien vite du second, et, de gré ou de force, faisait monter le vieillard. Elle entendait encore quelque temps des piétinements et des cris, au-dessus de son ciel de lit, comme un bruit de lutte. Puis, tout rentrait dans le calme ; de nouveau le petit jet d'eau du jardin égrénait son murmure perlé. Elle se rendormait bien contente d'avoir un mari comme le sien. Et, le lendemain matin, dans l'effusion de son réveil, elle s'en ouvrait à Gilbert. « Oh ! ma chérie, faisait le pied-bot ; je suis mille fois de ton avis.... »

Puis, vers midi, avant qu'on se mît à table pour le déjeuner en famille, s'approchant de ce mari, elle se laissait embrasser sur le front, l'appelant « le petit », comme autrefois, lorsque le garçon de café, sa serviette à la main, lui apportait sa correspondance de galanterie. Si, dans sa position élevée, Francis avait pris du prestige aux yeux du monde, n'était-il pas resté le même à son égard, toujours comme un bon caniche, fermant les yeux, ne songeant pas à se prévaloir de ses droits? Et, ce qui la touchait plus encore que cette abnégation, ce qui la rendait la plus heureuse des femmes galantes, c'était l'amitié vive, profonde, inaltérable, qui semblait unir Francis et Gilbert.

Tout au commencement, dans les premières années du mariage, une grande froideur polie, cérémonieuse, avait régné entre les deux hommes. Avec un tact exquis, dont sa femme lui sut gré, Francis s'effaçait, se tenant à son rang, très à l'écart. Puis, avec le temps, la glace s'était rompue. Une certaine cordialité avait régné.

Betsy n'était pas toujours là, maintenant. De plus en plus femme à la mode, idole du public, étoile de première grandeur, elle se devait chaque jour davantage à sa boulevardière royauté. De toutes les fêtes, exposée à tous les hommages, elle eût été bien naïve de se garer de la pluie d'or qui se mit à pleuvoir glorieusement sur elle. Outre qu'en vingt mois, deux fois mère, il lui fallait songer sérieusement à l'avenir, un train de maison plus considérable, de nouveaux besoins de luxe, alourdissaient leur budget. Et le pied-bot, tout spéculateur hardi qu'il était, soumis d'ailleurs à des hauts et des bas, ne suffisait plus à faire marcher la maison. Eh bien! quand Betsy s'absentait, enlevée pour vingt-quatre heures, à coups de banknotes, arrachée à la régularité de ses habitudes, à la paix bourgeoise de cet intérieur, Francis et Gilbert ne restaient-ils pas face à face? « Papa », lui, de plus en plus terrible, menait une vie de désordre, ou bien, alcoolique et ramolli comme il l'était, sa présence ne comptait guère. En tête à tête, les deux hommes, égalisés par les circonstances, insensiblement devinrent copains et familiers.

Trop familiers bientôt, presque à tu et à toi! Ils se prêtaient l'un à l'autre de l'argent de poche. Quand ils ne se confiaient pas des « tuyaux » pour les courses, ils se racontaient leurs escapades amoureuses particulières. « Imaginez-vous qu'hier, après midi, dans le passage des Panoramas, une superbe brune... » commençait l'un. Et les confidences se terminaient par un : « N'allez pas au moins le dire à Betsy! »

On ne le disait jamais à Betsy. Même, un jour, Francis poussa l'amitié jusqu'à couvrir de son témoignage Gilbert, surpris par l'écuyère en flirtage significatif avec une camarade du cirque. Tandis que les femmes exagèrent tout, Francis voyait bien qu'il ne s'agissait que d'une toquade de quelques jours, d'un coup de canif de raccroc. A quoi bon, pour si peu, inquiéter leur pauvre Betsy?

Une fois pourtant, le mari se départit de son indulgence. N'étant pas de bois lui-même, il avait, par protection, fait engager comme écuyère, Angèle, une belle fille, un peu lourde pour le cheval, mais d'une prestance et d'une carnation superbes. Crevant de faim dans la couture, Angèle, grâce à M. Betsy, avait d'abord pris quelques leçons d'équitation; maintenant elle gagnait ses cinq francs par jour, sauf les amendes. Le protecteur se croyait en droit de compter sur de la reconnaissance, même sur une fidélité relative. Un soir, la troisième semaine depuis son entrée au cirque, Angèle devait venir l'attendre au café après la représentation, elle le fit poser jusqu'à minuit et demie. Francis apprit enfin par le patron qu'on l'avait vue passer sur le trottoir, une heure auparavant, au bras de Gilbert. Ah! elle était forte, celle-là! Ce juponnier de pied-bot y mettait du sans-gêne! S'afficher ainsi avec une malheureuse que, lui, au vu et su de tous, avait tirée de la misère! Mais il dissimula son mécontentement, et, avant de partir, régala le patron de plusieurs verres de fine.

Le lendemain, à déjeuner, en présence de Betsy, il ne fit non plus mauvais visage à ce gaillard de pied-bot. Jaloux? Lui! Il ne commencerait pas à l'être aujourd'hui. Mais le procédé? Tout en se considérant comme au-dessus de pareils enfantillages, il n'encaissait pas le procédé. Le monde était le monde! Devenir la risée de tout un personnel, depuis le directeur et les artistes, jusqu'au dernier des palefreniers, ce n'était pas son caractère. Et il s'en expliquerait vertement avec « ce monsieur », en tête-à-tête. Mais comme l'on avait déjeuné tard, il le laissa partir pour la Bourse, se réservant de lui servir son paquet en temps et lieu.

Le soir même, au sortir d'une première de l'Ambigu, il retourna vers minuit au *Café du Cirque*. A l'écart, derrière une pile de soucoupes, le pied-bot était attablé avec Angèle.

— Le misérable!

Et il s'assit à une table en face. Dans sa fureur, il lui semblait que les consommateurs le montraient au doigt. Les joues et les oreilles en feu, il avait honte.

Son parti fut bientôt pris. A grands coups de pyrophore contre le marbre, il appela. Et, quand le garçon accourut :

— Dites au patron de venir!

Obséquieux, celui-ci se présenta, les mains ouvertes. Lui, sans lâcher le pyrophore :

— Allez avertir M. Gilbert de ma part, que je lui donne trois minutes pour emmener cette femme d'ici... Sinon, je leur casse à tous deux la figure avec ce porte-allumettes... Vous avez entendu : trois minutes !

Et il déposa devant lui sa montre, un chronomètre de vingt-cinq louis avec la chaîne, un cadeau de Betsy, qu'il portait depuis son mariage. Le limonadier marmotta un « mais... » puis, sur le regard terrible que lui jeta M. Betsy, fit humblement la commission.

A la table de Gilbert, il y eut un colloque très vif. Par deux fois, le pied-bot, un peu « plein », se leva, comme pour courir sus à Francis, et par deux fois, le patron, suppliant, puis employant la force, l'empêcha de passer. Dans le remue-ménage, un bock se brisa. A la fin, Angèle quitta d'elle-même le café, entraînant le boursier. Mais, dès qu'il l'eut renvoyée dans un fiacre, Gilbert rentra. Et il y eut une violente altercation.

A haute voix, sans se soucier de l'amusement de la galerie, les deux hommes s'accablaient d'injures, sortant leur catéchisme poissard, remuant comme une vase ancienne. Et ils se jetaient l'un sur l'autre, se menaçant du poing, sans se toucher jamais, il est vrai. Enfin, pour couper court au scandale, le patron ferma le compteur du gaz, brusquement. Mais l'obscurité sembla redoubler leur fureur. Leurs injures étaient devenues des cris furieux ; ils hurlaient maintenant leur haine.

Et quand, en se courbant, ils eurent passé, l'un

derrière l'autre, par l'ouverture basse de la devanture. L'air frais de la nuit ne les calma guère. A quelques pas du café, arrêtés au beau milieu du trottoir, ils continuaient à vociférer, tandis qu'un groupe de consommateurs, sortis derrière leurs talons, stationnaient également, amusés, se régalant de leurs invectives. Puis, quand les deux forcenés se furent éloignés dans les Champs-Élysées, une partie du groupe les suivit à distance, avec précaution, d'arbre en arbre.

Quelque temps encore, arrivèrent des éclats de voix courroucées. Et, sous la lueur des becs de gaz, on apercevait leurs grands gestes saccadés, menaçants. A la hauteur du palais de l'Industrie, pourtant, l'altercation était devenue moins violente. Certes, monsieur Betzy et Gilbert ne devaient pas se dire des gentillesses; mais ils ne gesticulaient plus, et leurs voix semblaient un murmure. Enfin, devant le café des Ambassadeurs, monsieur Betsy demanda du feu à Gilbert; et, après s'être retournés, les deux hommes se prirent par le bras pour traverser la place de la Concorde.

III

En moins de dix-sept ans de mariage, « Monsieur » semblait arrivé à l'apogée du bonheur.

Quadragénaire à peine et bien portant, il se voyait à la tête d'une grosse fortune. L'argent, certes, sa femme l'avait gagné; mais lui, grâce aux habitudes d'ordre contractées dès son enfance, grâce à une prédisposition naturelle, l'avait cultivé, arrosé, engraissé. Il ne s'agissait plus seulement de la petite maison des Batignolles; le ménage possédait et habitait un très confortable hôtel, à l'angle d'un boulevard neuf. Un délicieux « château », genre Renaissance, aux environs de Mantes, leur servait de résidence d'été, lorsque l'écuyère en congé était de retour des plages à la mode. Enfin, une soixantaine de mille livres de revenu, en rentes sur l'État et les Chemins de fer sérieux, « ne devaient rien à personne » et faisaient la boule de neige, car, malgré la cherté de tout et les complications coûteuses de l'existence parisienne à grandes guides, l'usine productrice de toute cette aisance fonctionnait toujours; et « l'usine », c'était Betsy.

En tant que père, aussi, « monsieur » nageait

dans la satisfaction. Pour une jolie descendance, il avait une jolie descendance, qui poussait et prospérait. Déjà âgé de quatorze ans, son aîné, doué pour les sciences exactes, se préparait à l'École polytechnique.

Enfin, le seul point noir de leur existence, la cause de désordre et la pierre d'achoppement, avait disparu. « Papa » n'était plus, ce prodigieux père de Betsy, qui menait une vie de chien, puis, qui, soul, faisait du chahut et venait jadis leur crier en plein visage des choses qui n'étaient pas à entendre ! Aujourd'hui, rien ne troublait le train-train bourgeois du ménage à trois, ni leur profonde quiétude.

Eh bien, malgré la réunion de tous ces éléments de bonheur, « monsieur » ne se sentait pas au comble de ses vœux. Que lui manquait-il ? De quoi souffrait-il ? Oh ! assurément ce n'était pas de la non-satisfaction d'un besoin d'honorabilité. Ce besoin, d'abord, il ne l'éprouvait guères. Parti de bas, né de paysans n'ayant pas sur « l'honneur » les idées que nous nous en faisons, et mettant toutes leurs visées ambitieuses dans la possession de la terre, il avait une haute opinion de lui-même. Populaire d'ailleurs, recherché, adulé, ayant ses courtisans et ses parasites, dans ce milieu de parisianisme interlope, mari d'une femme célèbre, il était un personnage. Les journaux parlaient à chaque instant de lui, et en termes sympathiques : alors, quoi ?

Gilbert Laroque, l'amant en titre, l'entreteneur habituel de sa femme, Monsieur Betsy vivait aussi intimement avec lui que par le passé. Le lendemain du soir, où les deux hommes, dans l'explosion sauvage d'une haine longtemps comprimée, avaient forcé le patron du *Café du Cirque*, à fermer prudemment le compteur, on les avait revus, attablés ensemble, comme si rien n'était, boire des bocks paisiblement, attendre l'écuyère de compagnie. Pour ne pas contrister Betsy sans doute, refoulant au fond d'eux leurs ressentiments intimes, ils avaient repris, l'un à l'égard de l'autre, l'attitude habituelle. Comme auparavant, ils s'étaient donné « des tuyaux », prêté de l'argent de poche, confié leurs escapades. « Ne le dites pas à Betsy ! » Et, de plus belle, ils avaient recommencé à ne pas le dire à Betzy, à cette précieuse Betsy, bonne comme le pain, devenue un peu dodue maintenant qu'elle allait doubler le cap de la quarantaine, mais toujours « la plus jolie femme de Paris », invraisemblablement jeune et en beauté, le soir surtout, aux lumières. Elle recevait autant de déclarations d'amour que par le passé, en prose et en vers, autant de fleurs, de demandes de rendez-vous, de cadeaux signés ou anonymes. Et ses adorateurs étaient surtout de très jeunes gens, des gommeux débutants, des collégiens de seconde qui, rentrés à la boîte, cachaient dans leur dictionnaire la photographie de Betsy, payée vingt sous, puis qui, la nuit, au dortoir, soupiraient pendant des heures, en pensant à elle. Eh! bien, le pied-bot et « monsieur », maintenant, étaient un peu comme ces collégiens. Ils se sentaient le cœur gros et joliment tristes lorsque Betsy était loin, surtout la nuit, quand elle ne rentrait pas, achetée à coups de banknotes par quelque prince du sang, ou quelque millionnaire. Et ils se séparaient le plus tard possible, fumant beaucoup, éprouvant le besoin de parler d'elle longuement. Quelquefois, des discussions nouvelles s'élevaient entre eux. « C'est votre faute, aussi, finissait par dire le pied-bot. Elle se fatigue! Le train de maison est trop fort! Vous devriez y mettre ordre. » — « C'est vous qui devriez la retenir! grognait Francis. Vous qui, de nous deux, avez le plus d'influence sur elle. » Et il haussait les épaules, haïssant toujours le pied-bot, et l'accusant d'idées mesquines, de lésinerie; il parlait d'ailleurs en parvenu, aujourd'hui beaucoup plus riche que Gilbert Laroque.

Sa fortune était surtout plus solidement assise. L'année du krach, Gilbert en pleine déconfiture, exécuté avec un passif de trois millions, dut un moment aller faire un séjour à Bruxelles. En l'accompagnant à la gare du Nord, où le pied-bot prit le train de sept heures du soir. Betsy pleurait comme une fontaine. Un moment, monsieur eut même peur qu'elle ne fît le coup de tête de filer avec le ruiné. Heureusement, l'écuyère jouait ie soir ; la tyrannie du devoir professionnel la retint.

Et comme, pendant plusieurs semaines, Betsy, la mort dans l'âme, se mit à vivre une existence de madame Benoîton, jamais chez elle, ni la nuit, ni le jour, et ce, autant pour s'étourdir que pour réparer le trouble apporté dans le budget journalier par la perte de son amant sérieux, monsieur, lui, resté seul avec la domesticité, s'ennuya considérablement. « Papa » n'était plus là, ses enfants se trouvaient en pension : l'absence de Gilbert lui causa un grand vide. Sachant à peine écrire, il lui envoya plusieurs longues missives, avec de l'argent. Il fit même un voyage à Bruxelles, s'employa à arranger ses affaires, n'eut de cesse ni de repos avant que le boursier pût revenir.

Leur existence à trois recommença, dura plusieurs mois encore. Mais Gilbert ne put jamais remonter complètement sur sa bête. A la fin de l'année suivante, un nouveau krach pour le pied-bot : la mort! Et « monsieur » se retrouva seul, lorsque Betsy, toujours par monts et par vaux, exerçait sa profession de femme galante.

Non ! cette fois, c'était trop! Ne pouvant supporter la solitude, M. Betsy se décida à parler raison à sa femme. Maintenant, ils étaient suffisamment riches, et elle avait quarante et un ans sonnés ; pourquoi ne pas songer à la retraite, l'un et l'autre, comme de bons boutiquiers qui cèdent leur fonds, après fortune faite? Eux, n'avaient pas de fonds à céder ; mais ce qui serait sage, ce serait de louer leur hôtel et de quitter Paris, pour aller chez eux, en Champagne, dans une propriété magnifique qu'il savait être à vendre et qu'on aurait à très bon marché. Là, ils vivraient tranquilles, élèveraient leurs enfants, et fabriqueraient du vin. « Le champagne Betsy » ferait fureur, et, en dix ans, ils auraient doublé, triplé leur million. L'écuyère répondit par un haussement d'épaules.

Elle avait à peine écouté. « Le champagne Betsy ! » Perdait-il la raison, maintenant ?

Et, comme elle n'avait qu'un quart d'heure pour s'habiller, s'impatientant contre sa femme de chambre, elle lui jeta une tasse de Sèvres à la tête. On vint dire que « madame était attelée ». Elle partit, sans dire au revoir à Francis, en faisant battre les portes. Le soir, elle devait coucher avec le petit prince de Castel-Bombardo, un bambin, dont elle aurait pu être la mère, et qui lui avait envoyé une rivière, des diamants de famille. Sa passion, à elle, était de rester sur la brèche, d'être jeune, jolie, toujours, de défier le temps, et de continuer à faire des hommes très riches. Il lui fallait ça. Dans le tourbillon plus vertigineux que jamais où elle se jetait, elle ne s'aperçut point que « monsieur », devenu sombre et jaloux, sur le tard, se morfondait à l'attendre toujours seul et s'attristait chaque jour davantage. Le matin où, en rentrant, elle trouva l'hôtel sens dessus dessous, et son mari, étendu sur son lit, mort, le front troué d'une balle, ce suicide la fit tomber de son haut.

Son pauvre vieux Françis ! Elle ne l'aurait jamais cru ! Ce fut un coup. Cette bonne Betsy, pendant trois jours, pleura toutes les larmes de son corps. Tout Paris eut la curiosité d'assister aux obsèques, et remarqua cette douleur sincère, profonde. Monsieur en terre, quand elle entra à l'hôtel, elle se demanda si elle n'allait pas aussi se tuer. Puis, le lendemain matin, son directeur, qui, sur le premier moment, lui avait donné un congé illimité, vint la supplier de jouer le lundi suivant.

Quand elle reparut pour la première fois, en selle, toute pâle, sur sa jument noire comme la mort, un enthousiasme souleva la salle. On lui jeta des fleurs, des baisers. Betsy, bien émue à la pensée de celui qui n'était plus là pour assister à ses triomphes, fut sur le point d'éclater en sanglots. Puis, ayant reconnu le petit prince parmi les plus enthousiastes, elle lui décocha une œillade voluptueuse, avec un sourire rempli de promesses.

TOUS LES SIX MOIS

I

La semaine dernière, le jour de cette pluie torrentielle qui se prolongea dans la soirée, vers sept heures, deux vieux jeunes gens ayant dépassé la trentaine, deux amis de collège, se trouvèrent tout à coup nez à nez dans le passage Jouffroy.

— Tiens ! Ernest !...
— Comment ! Pierre, c'est toi !.

Et leurs mains se serrèrent, avec une chaleureuse cordialité. Leurs visages rayonnaient de la joie de cette rencontre. L'idée de dîner ensemble leur vint à tous deux en même temps. Quelques minutes après, ils se trouvaient attablés l'un devant l'autre, dans un restaurant du passage. Ils avaient choisi la table la plus écartée.

Ils mangèrent d'abord au lieu de parler. Pierre surtout, une bonne fourchette, mettait les morceaux doubles. Vigoureux et trapu, déjà gros, il choisissait sur la carte les mets les plus substantiels. Plus petit, mince et chétif, se tenant un peu penché de côté, le regard doux, vaguement tendre et distrait, avec ça toute la barbe, un grand front bombé, prolongeant un crâne lisse précocement chauve, Ernest ne prit qu'une sole et du poulet. La digestion, pour lui, devait être toute une affaire. Et il buvait religieusement de l'eau de Saint-Galmier.

— Toujours le même, mon pauvre Ernest! s'exclamait l'autre, la bouche pleine. Toujours petit mangeur! et malade imaginaire!

— Oui! aussi patraque! voulait répondre Ernest.

Mais il n'y parvenait pas, secoué à chaque instant d'un fou rire nerveux, qui lui humectait l'œil et le penchait davantage de côté. Le front de Pierre s'était rembruni; à travers le lorgnon, ses yeux de myope exprimaient la peur d'avoir manqué de tact, le remords d'avoir trop étalé une égoïste satisfaction de gaillard solide. Mais non! Ernest prenait aussi bien la plaisanterie qu'autrefois. De même, celui-ci avait plaisir à retrouver tout entier, avec défauts et qualités, son Pierre d'il y a vingt ans. Tout en coupant du pain et en se versant à boire, il leur arrivait à chacun de couver l'autre du regard, à la dérobée.

La première fringale apaisée, ils causèrent. Depuis six mois qu'on ne s'était vu, que de choses ! Ernest, pour recueillir un mince héritage, avait dû faire un long séjour en province ; Pierre avait manqué se marier. Puis, des aventures particulières, l'entretien passa aux préoccupations courantes et professionnelles. Tous les deux étaient hommes de lettres. Pierre faisait du roman et du théâtre, tandis que son ami, acoquiné à la politique, rédigeait le premier-Paris d'un journal. Chacun, autant pour se montrer aimable que pour satisfaire sa curiosité, amenait à son tour la conversation sur la spécialité de son ami.

A mesure qu'ils se mettaient ainsi au courant l'un de l'autre, le repas traînait en longueur. Le dessert fut interminable. Puis, ils prirent le café. Neuf heures sonnaient. Ils étaient restés les derniers consommateurs. Le garçon, qui désirait quitter son tablier, tournait autour d'eux. A la fin, ils réglèrent l'addition et partirent.

La pluie tombant de plus belle, ils se promenèrent quelque temps dans le passage, bras dessus, bras-dessous. Pierre fumait un cigare. Depuis des années, Ernest, lui, avait renoncé au tabac. Maintenant, ils parlaient élections, intransigeance et opportunisme, politique extérieure. A certain moment, Ernest tira même de la poche son dernier article, et son ami le lut consciencieusement, devant un bijoutier dont l'étalage, scintillant de pierreries, éblouissait.

II

Au lieu d'adresser à Ernest des éloges de complaisance, Pierre avoua que la politique le laissait froid, même la politique d'un ancien condisciple. A son tour, ayant voulu exposer le sujet d'une pièce à laquelle il travaillait, il s'aperçut, dès le second acte, que le politicien avait des absences d'attention.

Ils se lâchèrent le bras. Les paroles devenaient rares; leurs deux esprits étaient bien à cent lieues. Il leur fallait faire effort pour revenir l'un à l'autre ; puis après quelques mots échangés du bout des lèvres, comme on ne se gêne plus entre vieux camarades, voilà qu'ils repartaient en pensée. De même qu'à table leur grand appétit s'était vite calmé, leur fringale d'amitié se trouvait apaisée. Rassasiés de confidences, n'ayant plus du tout faim l'un de l'autre, ils songeaient à lever la séance. Alors, bien qu'il ne fût pas même dix heures, Ernest, qui demeurait à Passy, manifesta doucement la crainte de manquer le chemin de fer.

— Farceur! fit Pierre, tu as jusqu'à minuit quarante.

Mais il n'insista pas. Lui, aurait encore le temps d'aller dans un théâtre où il jouissait de ses entrées. Et comme ils arrivaient à la sortie du passage, il considéra le ciel.

— Tiens! tiens! il ne pleut presque plus!

— Une éclaircie! oui, il faudrait profiter!

Le parapluie ouvert pourtant, ils étaient au milieu du trottoir, devant un kiosque. Aucun ne s'opposait au départ. Plus qu'à se donner la poignée de main d'usage. Ils se la donnèrent. Mais chacun restait en place.

— Allons! en voilà encore pour six mois! murmura l'un.

L'autre, sans l'entendre, baissait le front, plongé dans quelque réflexion analogue. Enfin, ils se séparèrent, et chacun fit quelques pas, lentement, très lentement. Puis Ernest, s'étant tout à coup retourné, aperçut Pierre, planté presque à la même place et se retournant comme lui. Cette fois, ils éclatèrent de rire.

— C'est curieux! dit mélancoliquement Ernest. Chaque fois que nous nous retrouvons, c'est la même chose! Nous sommes comme un vieux couple, mari et femme, ou amant et maîtresse.

qui se reverraient après des années de rupture et d'infidélités réciproques... Ressoudons-nous pour un moment la chaîne interrompue, les torts sont oubliés: nous avons chaque fois de la peine à nous arracher l'un à l'autre!

III

Alors ils entrèrent dans un café ruisselant de lumière et se firent apporter deux grogs américains, des cigares. Perdant toute prudence, revenant à une ancienne habitude, « cette patraque d'Ernest » se mit à fumer.

— Tu vois ce que tu me fais faire!... Tu veux donc ma mort!

Et il pouffait de son rire nerveux. Pierre riait aussi et donnait à Ernest de grands coups de coude, un peu brutal dans ses expansions, lui. Maintenant, ils se sentaient heureux, légers. Ils avaient vingt ans de moins! Redevenus pour un instant ce qu'ils étaient en classe, autrefois, à l'époque où l'on traduit *Cornélius Nepos*, ils auraient presque fait des farces. Pour un rien, ils eussent envoyé quelque boulette de papier mâché — sur e professeur? non! mais sur la dame qui se tenait au comptoir — au comptoir ayant la forme « d'une chaire. »

Mais cette bouffée de gaminerie fut courte. Avec gravité, maintenant, ils égrenaient encore le chapelet émouvant des « Te souviens-tu? » Une fois de plus, ils se mirent à revivre côte à côte leur rêveuse adolescence. Leur liaison ne commençait-elle pas absolument comme le début de *Madame Bovary* : « Nous étions à l'Étude, quand le Proviseur entra, suivi d'un nouveau... » Le « nouveau », Ernest, fut placé au bout d'un banc, à côté de Pierre. Ils s'étaient prêtés des plumes et des livres défendus. En troisième, ils avaient commis leurs premiers vers : Ernest, l'intransigeant d'aujourd'hui, avait chanté : *Les zouaves du pape tués à Castelfidardo!* » En rhétorique, les jours de sortie, tous deux avaient été fous en même temps de certaine Italienne poitrinaire, qui leur avait donné à chacun sa photographie. Rivalité bizarre, amour en partie double, ayant quand même fait bon ménage avec l'amitié.

Et la littérature? Oh! ils avaient le travail facile, en ce temps lointain! Tous deux avaient barbouillé en cachette du papier, et commencé à écrire des romans, tendres ou féroces, et échafaudé des scenarios de drames. De l'imagination? Parbleu! A corser cinquante feuilletons d'aventures, à rêver sans cesse éveillé, à être dans la lune en plein midi! Au sortir de la classe, ils avaient souvent fait le grand tour, pour se lire leurs élucubrations en marchant, le long des promenades désertes de la petite ville.

— Puis, te rappelles-tu le magique attrait de ces cinq lettres : « P-A-R-I-S ? »

Oh ! Paris ! Ces cinq lettres flambaient en ce temps-là au fond de leurs rêves d'avenir. Ils n'auraient qu'à y venir, s'imaginaient-ils, et Paris leur appartiendrait. Conquis sans coup férir, à la pointe de la plume. Et, pendant, comme après la conquête, ils ne devaient jamais se quitter. C'était vraiment une sorte de mariage intellectuel, indissoluble, qu'ils se figuraient avoir contracté. Ne devaient-ils point se voir chaque jour, prendre un appartement en commun, s'intéresser chacun aux efforts parallèles de l'autre, se soutenir aux heures difficiles et se réconforter sans cesse par une fraternelle émulation ? Ici, ils se turent. Chacun se livrait à un sévère retour sur soi-même. La réalité était par trop différente du rêve. Ce passé si lointain, qu'ils venaient d'évoquer avec tant de plaisir, leur faisait mal tout à coup. Ils s'efforçaient de sourire. Mais ce sourire était plein d'amertume.

IV

Ils sortirent du café.

Sur le trottoir devenu désert, bras dessus, bras dessous, ils marchaient silencieux. La pluie avait cessé.

— Nous devrions au moins nous voir plus souvent! soupira timidement Ernest.

— Parbleu! fit Pierre, je suis de cet avis...

Mais il n'osait insister, Ernest non plus. Déjà, lors de leurs précédentes rencontres, ils ne s'en étaient jamais allés, sans se promettre une prochaine résurrection de leur intimité. Tiendraient-ils parole aujourd'hui? Pourquoi se battre en vain les flancs et à quoi bon, une fois de plus, l'étalage d'une conviction défaillante ou factice? Comme si la vie pouvait remonter son cours, la rouille du temps se nettoyer, et le passé sortir du néant, jeune et adorable, tel qu'il apparaît dans le mirage du souvenir. Autant valait-il s'en remettre purement et simplement au hasard, pas plus incertain que le cœur de l'homme.

— D'ailleurs, tu as mon adresse?

— Oui, et toi la mienne... Je n'ai pas déménagé.

— A bientôt ?

— A bientôt !

Cette fois, sans se retourner, prenant chacun une direction différente, les deux anciens amis s'enfoncèrent dans la nuit.

LES MÈRES

LA GÉNÉRALE HERBELIN

I

Marthe, une jeune fille de dix-huit ans, très belle, qui faisait du crochet sur la terrasse, releva la tête.

— Maman, vous ne descendez pas ?... Il fait si doux !

Madame Herbelin répondit, avec un sourire tendre :

— Si, je descends.

Mais elle resta encore un moment accoudée à la fenêtre. Par-dessus les murs du jardin, elle apercevait au loin les hauts marronniers du parc de Fontainebleau, sous lesquels jouait en ce moment la musique militaire. Veuve depuis six ans du général de brigade Herbelin, ancien gouverneur de l'École d'application, elle avait maintenant juste deux fois l'âge de Marthe. Même régularité de traits, même port de tête aristocratique, mêmes épaules tombantes. Sans la moindre flatterie, on les eût prises pour les deux sœurs.

Elle finit par descendre en apportant sa broderie. Depuis quelques jours, elle avait remarqué une excitation nerveuse chez sa fille.

— Qu'as-tu donc ? demanda-t-elle en l'embrassant. Tes joues brûlent comme si tu avais couru.

— Mais je n'ai rien, maman... C'est peut-être la chaleur qu'il a fait aujourd'hui !

Les deux femmes travaillèrent longtemps en silence. Madame Herbelin pourtant interrompait quelquefois son ouvrage, regardait sa fille, était sur le point d'entamer un sujet qui lui tenait au cœur. Mais des hésitations l'arrêtaient.

— Tiens ! fit alors Marthe, voilà le dernier morceau de la musique militaire... Aujourd'hui, on ne verra encore pas le capitaine.

C'était justement de M. Georges Roland, capitaine en premier du génie, sur le point de passer commandant, que madame Herbelin comptait parler à sa fille. Ancien aide de camp du général, de famille très riche, ayant seulement deux années de moins que madame Herbelin, il avait joué tout enfant avec elle. Du vivant du mari, il était parti pour l'Afrique, après avoir fait à la jeune femme une cour discrète, sans espoir.

Celle-ci devenue veuve, enfermée dans l'éducation de sa fille, n'avait plus entendu parler de lui. Depuis quinze mois en garnison à Fontainebleau, il était revenu dans cette maison blanche aux volets verts, et souvent. Si souvent même que madame Herbelin devait aujourd'hui faire à sa fille un aveu délicat. Sa propre jeunesse, longtemps comprimée, lui était remontée au cœur. Que deviendrait-elle lorsque sa fille, bientôt en âge d'être mariée, la laisserait ? Trop vivante pour déjà mourir, trop faible pour ne plus aimer, trop fière pour se dégrader dans une liaison clandestine, elle voulait annoncer à Marthe un projet caressé par elle depuis longtemps et tenu secret jusque-là.

— En effet ! M. Roland ne viendra pas aujourd'hui.

Et comme Marthe la regardait avec étonnement, elle ajouta :

— Je le sais !... C'est moi qui l'ai prié de ne pas venir.

Puis, laissant tomber sa broderie, elle rapprocha sa chaise de celle de Marthe. Au fond, elle était très émue. Mais elle s'efforçait de pousser plus avant la confidence sur le ton de la plaisanterie.

— Monsieur Roland a un secret, s'il faut que je te le dise !... Tu ne devines pas ?... Eh bien ! il se marie !

Elle vit Marthe pâlir, puis fondre en larmes. Ce fut un coup de foudre : sa fille aimait le capitaine Roland.

II

Madame Herbelin ne ferma pas l'œil de la nuit. Elle était jalouse. Il lui semblait continuellement que de cruelles aiguilles lui traversaient le cœur. Et, pensée atroce, qui la révoltait contre elle-même, elle était jalouse de sa propre fille.

Vers le matin, elle tomba pourtant dans un demi-sommeil, troublé par les apparentes réalités du cauchemar. Georges était là, devant elle ; elle reconnaissait son mâle et franc visage, son bon sourire ; soudain, entre elle et lui, apparaissait le visage en larmes de Marthe. Alors, attristé, Georges détournait la tête, s'éloignait à la fin, entraînant la jeune fille avec lui ; et elle restait seule.

Réveillée en sursaut, elle vit le jour blanchissant la fenêtre. Alors elle s'efforça d'être calme, de juger froidement la situation. Du côté de Marthe, elle se sentait rassurée maintenant. Chez une jeune personne de cet âge, les sentiments ne pouvaient avoir des racines profondes. Sa fille était une enfant bien née, parfaitement élevée : l'absence et un prochain mariage la guériraient. Mais Georges ? Ici, elle ne rencontrait plus les mêmes certitudes.

Certes, elle l'aimait trop pour le soupçonner. Au point où ils en étaient, le mariage décidé, chacun ayant reçu depuis longtemps la parole de l'autre, elle savait qu'il n'était pas homme à avoir fait à Marthe quelque avance déplacée. Mais certaines circonstances, auxquelles sur le moment elle n'avait pas accordé d'attention, lui portaient rétrospectivement ombrage.

Plusieurs menus faits, passés inaperçus, se représentaient à son esprit. Pourquoi ces mélancolies sans cause, qu'elle croyait depuis quelque temps surprendre en lui ? Positivement, il était venu moins souvent les derniers jours, avait surtout moins recherché les occasions de tête-à-tête. Correct toujours, affectueux encore, était-il à son égard exactement le même qu'autrefois ? Une ombre de gêne, une attitude indéfinissable de respect, ne refroidissaient-elles pas leurs derniers entretiens ? Elle pouvait se tromper d'ailleurs. Ses observations étaient si ténues, si problématiques, portaient sur des nuances tellement insaisissables, qu'une simple explication à cœur ouvert suffirait sans doute pour les détruire. Cette explication, il la lui fallait, aujourd'hui même.

Appelé par un mot qui lui fut porté dans la matinée, le capitaine vint vers deux heures, au moment où Marthe étudiait son piano. Madame Herbelin le conduisit tout au fond du jardin, sous une tonnelle, que recouvrait un magnifique rosier grimpant. Là, assise à côté de lui sur un banc rustique, elle lui dit fiévreusement :

— Georges, je n'ai pas dormi de la nuit... Le hasard, une simple parole prononcée par moi, m'a fait faire hier une découverte qui m'épouvante, qui me tue...

— Qu'avez-vous donc découvert! dit Georges en lui prenant la main, une main sèche et brûlante.

— Marthe vous aime.

Le capitaine ne répondit rien. Mais il devint très rouge. Les notes lointaines du piano arrivaient jusqu'à eux.

Et elle sentit trembler la main qui tenait la sienne. Il détournait la tête, afin de lui dérober la joie, la cruelle joie involontaire, qui devait enflammer son regard. Alors, en elle, ce fut un effondrement. Georges ne l'aimait plus! Georges lui préférait Marthe!

Et elle pleurait à chaudes larmes, comme un enfant. Georges souffrait de cette douleur, tout en étant heureux de se savoir aimé par l'autre. Il finit par tomber à genoux, baisant ses mains et sanglotant lui-même.

— Pardonnez-moi... Si vous saviez ce que j'ai éprouvé lorsque je l'ai vue ici, pour la première fois !... J'ai cru vous retrouver jeune fille, au temps où j'étais encore sur les bancs de l'École... C'est mon premier amour, c'est vous encore et toujours vous, que j'aime aujourd'hui en elle.

III

Dans la maison blanche aux volets verts, sauf que le capitaine ne venait plus, rien ne semblait changé. La mère et la fille n'avaient pas modifié leurs habitudes. Marthe étudiait régulièrement son piano. Par les tièdes après-midi, toutes deux travaillaient encore sur la terrasse, aux fanfares lointaines de la musique militaire. Mais elles gardaient de longs silences, ayant chacune sa douleur secrète.

Madame Herbelin surtout, souffrait. Que faire ? Ne se résignant pas encore à une mort d'elle-même, elle rêvait des expédients. Du matin au soir, en pensée, elle recourait à des solutions extrêmes, désespérées. Sortant de sa retraite, elle emmenait Marthe, passait l'hiver à Cannes et à Nice, courait les concerts, les bals, était de toutes les fêtes, mariait sa fille à la fin de la saison ; elle, revenait guérie, ou épousait Georges au printemps. Puis, dans la prostration où elle tombait après avoir vécu ces grands moyens, elle n'allait pas même passer vingt-quatre heures à Paris pour leurs toilettes d'hiver.

Un soir, elles apprirent, par le journal, la nomination de M. Roland au grade de chef de bataillon, dans le 2⁰ régiment, celui de Grenoble. Une courte lettre d'adieux leur arriva le surlendemain ; Georges était parti le matin pour l'Isère, sans les voir. Marthe affecta l'indifférence, joua du piano comme à l'ordinaire. Mais sa douleur muette fit plus de mal à madame Herbelin qu'un déluge de larmes. Alors celle-ci se décida au sacrifice : l'amante en elle fut vaincue ; la mère l'emportait.

Une sorte de volupté âpre qu'elle éprouva d'abord, la surprit. Comment ? ce n'était pas plus difficile que cela de s'arracher le cœur ! Alors, pendant trois mois, la fièvre des préparatifs du mariage la soutint. Formalités, trousseau, départ pour Grenoble, où une vieille tante mit à leur disposition un étage de son hôtel, elle pensait à tout, elle exécutait tout, avec une activité d'esprit et de corps qu'elle ne s'était jamais vue. Elle semblait même gaie. Sur son visage, dans toute sa façon d'être, aucune trace de déchirement ancien ; Georges lui-même y était trompé. Et cela se soutint, pendant des semaines, des mois, jusqu'au jour où Marthe devint madame

Roland. A la mairie, à l'église, pendant le repas
et la soirée, ses yeux brillaient d'un éclat inusité,
qu'on pouvait prendre pour du bonheur. Enfin,
vers une heure du matin, après avoir embrassé
les mariés, elle se retira dans sa chambre, ferma
la porte à double tour. Elle était seule.

Alors ce fut une pitié. Tout était consommé!
Elle crut qu'elle allait s'abattre au milieu de la
pièce. A bout de renoncement, de violence contre
elle-même, elle aurait crié à tue-tête. Mais elle
étouffait; quelque chose lui étranglait la gorge.
Et, se trouvant devant l'armoire à glace, elle s'arracha avec furie ces vêtements, qui semblaient la
gêner, autant que trois mois de contrainte.

Maintenant elle était nue. Et elle se regardait.
Jamais elle ne s'était vue aussi belle. Les trente-six ans qu'elle venait d'avoir en paraissaient
vingt-cinq. Sa maturité de brune avait quelque
chose de cette splendeur de l'automne, qui rouille
les dernières feuilles, et donne au paysage un velouté d'étoffe riche. Toujours nue, elle se jeta sur
son lit. Et sa nuit fut un long martyre, une
agonie d'elle-même. Des images qu'elle n'aurait
pas voulu voir, la hantaient. Dans une suprême
révolte, la chair reprenait ses droits, la passion la
consumait encore. « Je ne veux pas mourir, moi,
et je te ferai éprouver une ivresse surhumaine ! »
lui criait une voix intérieure. Elle cherchait à ne
pas entendre, mordait de regret son oreiller.

IV

Six années plus tard, par une autre belle après-midi d'automne, la musique militaire jouait encore sous les marronniers du parc de Fontainebleau. Dans la tonnelle au fond du jardin, étendue sur une chaise longue, madame Herbelin écoutait des bouffées de mélodie lointaine que lui apportait la brise.

Comme elle avait vieilli en six ans! Des cheveux blancs et des rides! Son visage s'était empâté comme son corps. Elle souffrait, depuis de longs mois, d'une maladie de cœur. La nuit surtout, des étouffements la prenaient. Elle ne goûtait un peu de calme que l'après-midi, lorsqu'elle se faisait porter sous cette tonnelle.

Tout à coup, la sonnette de la porte du jardin retentit. La grille fut ouverte et refermée. Le gravier criait sous des pas. Madame Herbelin prêta l'oreille.

Elle n'attendait personne. Ni Marthe, ni son gendre, maintenant lieutenant-colonel à Nancy, n'étaient avertis de son état. Elle ne les avait pas revus, depuis qu'elle était repartie de Grenoble, le lendemain du mariage. Chaque printemps, par lettres, on réclamait régulièrement sa présence : madame Roland était sur le point de faire ses premières couches! Après le garçon, une fille; on l'attendait cette fois pour le baptême! Le petit ayant une dentition difficile, on avait besoin de son expérience! Chaque fois elle promettait, impatiente de revoir les siens. Puis, au moment de monter en wagon, elle reculait toujours, inventant des prétextes. Et les années s'étaient écoulées.

Maintenant, clouée par le mal sur sa chaise longue, madame Herbelin croyait entendre des chuchotements. Un éclair dans sa pensée : « S'ils étaient là! » Hélas! elle savait bien que non! Un serrement de cœur.

Mais quand on vint lui dire avec précaution que deux personnes demandaient à lui parler :

— Marthe!... Georges! appela-t-elle, ayant deviné leur présence.

— Maman!

Marthe lui fit de longues caresses, la première. Et Georges l'embrassa à son tour. Il la grondait, filialement, de leur avoir caché « son indisposition ». Sans un changement dans son écriture, sans les caractères tremblés de ses dernières lettres, comment se seraient-ils doutés?

— Comment as-tu pu ne jamais venir nous voir, en six ans? s'écria Marthe.

Sans dire son secret, elle se laissait gronder. Et, dans sa joie de ne plus être seule, elle les regardait des pieds à la tête, ayant à se rattraper d'un long arriéré d'affection. Sa fille, c'était elle, en beauté et en jeunesse, son vivant portrait. Lui, dont les quarante ans venaient de sonner, avait un peu grossi. Et elle goûtait le mélancolique bonheur de ne plus éprouver le moindre trouble en sa présence.

Même, sa fille les quittant pour aller changer de robe, madame Herbelin et son gendre restèrent en tête à tête. C'était bien l'endroit, où, six ans auparavant, un aveu de Georges l'avait déchirée. Lui, comme ce jour-là, se trouvait assis sur le banc rustique. Le même rosier grimpant entourait leurs deux têtes de ses petites roses blanches. Pourtant, combien tout cela était loin! A force de souffrances solitaires, comme elle se sentait changée! Lui, silencieux, ne la regardait pas, roulait une cigarette, lentement. A quoi pensait-il?

— Georges! commença-t-elle.

Mais elle s'arrêta, poussant un long soupir. A quoi bon parler de ce qui n'était plus, exhumer le néant, remuer de leur propre cendre? Alors, se remettant presque aussitôt:

— Georges, voyons? maintenant que nous sommes seuls... Parlez-moi vite de mes deux petits-enfants...

Cette nuit là fut meilleure. Après un mieux qui dura deux semaines, par un matin d'orage, subitement, la malade passa, sans souffrir.

L'AVORTEMENT

« Monsieur le Procureur de la République,

» Suis-je une criminelle ordinaire, un monstre d'ignominie, indigne de pitié? Dans votre justice, vous apprécierez. Je sais que je suis malheureuse. La fatalité m'accable. Je souffre. Ça ne peut continuer. Je préfère tout vous dire, et j'ai l'honneur de me dénoncer à votre parquet, — moi d'abord, Marie Nathan, âgée de dix-neuf ans, domiciliée Cité des Fleurs, aux Batignolles, n°...; — puis, celui qui m'a perdue, le vicomte Gaston de M..., mon amant, aujourd'hui chez son père, ex-receveur des Finances, retiré à... Gaston et moi, nous avons commis quelque chose de plus lâche qu'un assassinat ordinaire. Voici les faits. Je tâcherai de ne dire que l'indispensable.

» Native de Rennes, je perdis de bonne heure mon père, un lieutenant de gendarmerie. Réduite à la pension de veuve, ma mère dut me retirer à la hâte du pensionnat où j'avais commencé mon éducation. A treize ans, je l'aidais à tenir une petite librairie, étroite, obscure, sous les galeries Méret. Nous vendions des journaux et du papier à lettre, des plumes, des images pour enfants; nous louions des romans.

» Il faisait humide dans la boutique. Un caoutchouc, qu'une voisine nous avait donné, dépérissait, faute d'air et de soleil. Ma mère, découragée, souvent malade, restait alitée des semaines entières. Je me trouvais ordinairement seule pour faire aller notre modeste commerce. Et, comme les clients étaient rares, assise à mon petit comptoir, je lisais.

» De treize à seize ans, tout notre fonds de cabinet de lecture y passa. Alexandre Dumas père, Eugène Süe, Frédéric Soulié, m'ont tenue haletante des après-midi entières. Balzac aussi, mais je sautais les descriptions; je préférais les *Mémoires du Diable*. Et George Sand, donc? Celle-là m'a souvent fait pleurer.

» Puis, vers seize ans et quelques mois, quand j'eus tout lu, — vous allez sourire, monsieur le Procureur de la République; mais pardonnez-moi de vous signaler un enfantillage, qui amena des conséquences graves, — une après-midi de printemps, où je ne savais que faire, est-ce que je ne me mis pas en tête de commencer à écrire un roman, moi, naïve présomptueuse, pauvre ignorante ?

» Il faisait une journée tiède. J'avais laissé la porte grande, ouverte. Des cris d'enfants qui galopinaient sur la place, m'arrivaient, mêlés à des pépiements d'oiseaux. Je mis une plume neuve à un porte-plume d'un sou ; j'allai prendre à la devanture un épais registre cartonné. Puis, m'étant un moment recueillie, je commençai.

» C'était, je m'en souviens, l'histoire d'une jeune fille dans ma position, qui se morfondait dans une boutique triste. La solitude lui faisait mal, et elle sentait qu'elle avait besoin d'aimer. Quand elle se regardait, dans son miroir ébréché, au lieu de se voir jolie, comme elle l'était peut-être, elle ne remarquait que sa pâleur de plante étiolée, que le cercle bleuâtre mettant de l'ombre autour de ses yeux. Et les journées monotones lui semblaient ne pas avoir de fin. Le soir, après avoir embrassé sa mère, couchée dans son étroit lit de fer, elle pleurait silencieusement, la bougie soufflée... Et cœtera, monsieur le Procureur de la République! Vous comprenez ! il y en avait ainsi pendant des pages. Pénétrée de mon sujet, substituant mes sentiments intimes à ceux d'une personne imaginaire, je n'avais qu'à laisser courir ma plume. Parfois, au milieu du feu de la composition, le pas de quelque habitué, sortant du *Café de la Comédie*, sonnait un moment, puis décroissait sous les arcades.

» Enfin, mon exposition terminée, l'état d'âme de cette jeune fille suffisamment expliqué, entrait en scène un second personnage. Brun, élancé, teint mat, la lèvre supérieure ombragée d'une fine moustache, un jeune homme était remarqué par mon héroïne. Je n'avais pas fini de le décrire et de faire pressentir son caractère noble, ardent, chevaleresque, enthousiaste, que tout à coup au beau milieu d'une phrase bien poétique, une voix cassante, presque impolie me fit tressaillir.

» — Donnez-moi donc le *Sport!*

» Surprise et interloquée, je ne pus que faire signe de la tête que je n'avais pas ce journal. Lui, alors :

» — Je m'en doutais!... Quelle sacrée baraque de ville, où l'on ne trouve jamais ce que l'on veut!

» Puis, m'ayant regardée, ses yeux brillèrent.

» Déposant sa canne contre le comptoir, il se mit à rouler une cigarette, en disant d'une voix radoucie :

» — Dans onze jours, les vacances de Pâques terminées, je retourne à Paris, où je fais mon droit... Vive Paris! mademoiselle... Là, au moins, on a tout ce qu'on désire... Vous n'avez jamais eu envie d'y aller?

» Voilà, monsieur le Procureur de la République, comment je fis la connaissance de Gaston. Il va sans dire que l'œuvre littéraire par moi commencée, en resta là ; au lieu d'écrire la suite de mon roman, je trouvai plus simple de la vivre. Ce sont les phases lamentables de cette vie qu'il me reste à vous dévoiler.

» Gaston m'avait déplu à première vue. Gommeux, poseur, audacieux, libre dans ses propos, un peu commun malgré sa naissance, il ne ressemblait pas du tout à l'adolescent de mon rêve, fier et supérieur. Mais, avant la fin de notre première causerie, je sentis qu'il exerçait sur moi une impérieuse influence.

» Le lendemain, revenu à la même heure, il prit une chaise et, sans demander la permission, s'assit à côté du comptoir. Je devins toute pâle et me mis à trembler ; mais, dans mon malaise, je n'eusse jamais osé ouvrir la bouche pour le prier de s'en aller. Déjà dominée et passive, j'étais heureuse de subir sa volonté.

» Le reste, monsieur, n'a pas besoin d'être raconté. Je vous fais grâce de la façon dont, lorsque ça lui plut, une après-midi de la semaine suivante, il me poussa dans l'arrière-boutique. Devenue sa maîtresse, jugez si je dus verser des larmes, quand il retourna à Paris. Mais je pleurais en secret : ma mère ne s'aperçut de rien. Et Gaston m'écrivait de temps en temps, poste restante. Deux mois s'écoulèrent ; puis, vers la fin de juin, j'eus la désespérante certitude d'être enceinte. Averti par moi, Gaston m'envoya de l'argent et l'ordre de laisser là ma mère, d'aller le rejoindre. J'eus le triste courage d'obéir.

» A Paris, les premières semaines, je fus heureuse. Renouvelée par l'absence, la passion de Gaston me semblait ardente, inextinguible. De longs mois me séparant encore de l'instant de ma délivrance, j'avais comme oublié mon état, lui aussi. Ma seule inquiétude était le remords d'avoir quitté ma mère; mais je lui écrivais régulièrement, des lettres affectueuses, sans révéler mon adresse. Puis, les distractions d'une existence nouvelle, des soirées passés au café, au théâtre, des parties aux environs de Paris, achevaient de m'étourdir.

» Je m'occupais aussi beaucoup de notre intérieur. Vous ai-je dit que Gaston avait une famille riche? Nous nous étions très gentiment installés dans ce pavillon de la Cité des Fleurs. Ne mettant jamais les pieds aux cours, étudiant amateur, il ne me quittait guère. Et l'été s'acheva ainsi, doucement. Je me croyais aimée.

» Vers la fin du cinquième mois, ma grossesse devenait apparente; Gaston, brusquement, changea de caractère. Notre vie fut bientôt un enfer. Sombre, préoccupé, nerveux, il entrait en fureur à propos de rien. Je finissais par fondre en larmes. Alors, brutal, il me battait.

» — Nous avons tort de nous endormir ! me dit-il une fois à brûle-pourpoint. Plus nous attendrons, plus la situation deviendra embarrassante.

» Et, comme je le regardais avec des yeux stupéfaits :

» — Oui ! continua-t-il du ton le plus naturel, il va falloir songer à te faire passer ça.

» Mon premier mot fut : « Jamais ! » Monsieur le Procureur de la République, j'étais une honnête fille. Mon cri d'indignation fut si spontané et si violent, que Gaston, ce jour-là, n'eut garde d'insister.

» Mais il revint à la charge. Selon lui, je n'étais qu'une sotte, de ne pas comprendre mon intérêt. N'est-ce pas, je ne comptais point qu'il m'épouserait jamais ? Alors, le jour de notre séparation, que deviendrais-je avec un enfant sur les bras, avec une preuve vivante de mon inconduite et de mon déshonneur ? — Oui, monsieur, il avait l'audace de me parler ainsi, lui ! — Puis, je m'exagérais l'importance de la précaution qu'il me conseillait. Cela se pratiquait journellement, et les jeunes gens « délicats » devaient se faire « un scrupule » de ne pas compromettre irréparablement l'avenir d'une maîtresse. Quant à la façon d'exécuter l'opération, c'était simple et facile. Avec une aiguille à tricoter... Je n'aurais qu'à le laisser agir : instruit par des amis, étudiants en médecine, lui, se chargeait de tout. Aucune douleur vive ! Je ne m'apercevrais pour ainsi dire de rien.

» Ici, monsieur, la rougeur me monte au visage. Ne croyez pas que je cherche à diminuer ma culpabilité à vos yeux. Vous m'absoudriez vous-même, que je ne me considérerais pas moins comme une malheureuse. Je tiens seulement à vous expliquer comment j'ai continué à rouler sur la pente.

» Vous ai-je dit quel empire ce garçon avait dès l'abord exercé sur moi ? Comment je l'avais pris pour la réalisation providentielle de mon désir, pour l'ardente et supérieure incarnation de mon rêve ? Comment il n'avait eu qu'à me pousser dans l'arrière-boutique ? Comment, sur une lettre, je lui étais arrivée, abandonnant ma mère, à lui corps et âme ? Eh bien ! quand je l'entendis, chaque jour, de sa bouche adorée, me préparer à l'idée de l'avortement, peu à peu, la révolte de mon honnêteté native s'affaiblit en moi. Ce qui tout d'abord m'avait arraché un cri de protestation indignée, se réduisit à mes yeux, insensiblement, aux proportions d'une nécessité douloureuse, d'une conséquence forcée de ma fausse position. Et ne pensant plus par moi-même, la tête cassée, ayant perdu tout sens moral, je finis par me livrer les yeux fermés, aux mains de l'être en qui j'avais quand même confiance.

» Homme de précaution, voulant se ménager

un alibi si l'affaire tournait mal, Gaston, depuis plusieurs jours, avait annoncé à ses amis qu'il partirait pour la chasse. L'opération achevée — étendue sur mon lit, je ne me rendis pas bien compte en quoi elle consistait — il partit, en effet, à la tombée de la nuit, précipitamment, après m'avoir ordonné de ne pas me montrer, de n'ouvrir à personne, et, quoi qu'il arrivât, d'attendre son retour. C'est ce que je fis, mais quelle nuit de supplice ! Je me tordais sur mon lit, mordant les draps, n'osant crier, croyant que c'était fini, que j'allais mourir là, seule, sans secours. Au petit jour, quand il rentra, je le suppliai d'aller chercher une sage-femme. Non ! je devais patienter encore ! Et impassible, fumant des cigarettes dans la pièce à côté, il attendit. Enfin, ce qu'il attendait arriva, et il alla jeter quelque chose dans les cabinets.

» Une sage-femme vint une demi-heure après. Elle secoua la tête après m'avoir examinée, regarda fixement Gaston, ne dit rien, et acheva de me délivrer.

» Très malade, longtemps en danger, je finis par me rétablir, lentement, imparfaitement, marquée à jamais par mon crime, conservant de graves désordres internes.

L'hiver s'acheva. Les arbres se couvrirent de jeunes feuilles. Les jardinets contigus de la Cité ne formaient plus qu'un seul grand jardin embaumé. Et ma vie était revenue douce. Gaston semblait très gentil, comme pour me faire oublier. Malheureusement, je suis encore enceinte! Notre vie est de nouveau un enfer. Je ne me figurais pas cela, autrefois, quand je dévorais les romans du cabinet de lecture. L'idée d'être père et d'avoir plus tard certaines charges, la peur de déranger sa vie, met Gaston hors de lui et le change en bête furieuse; il me torture jour et nuit pour me décider à un nouvel avortement. Jamais! Cette fois, je ne faiblirai plus! J'aime mieux nous perdre tous les deux... La cour d'assises? Soit! Ma pauvre vieille mère en mourra peut-être! Mais je ne veux plus recommencer... »

. . . .

. . . .

La lettre qui précède n'est jamais parvenue à son adresse. Ces pages furent retrouvées sans signatures, au fond d'un tiroir de commode, dans la chambre d'une jeune femme morte d'une prétendue fausse couche. Au dernier moment, Marie Nathan avait dû, une seconde fois, « faiblir ».

MORALE EN ACTION

I

Il était trois heures de l'après-midi. Pas encore de clients dans la maison. Toutes ces dames, à l'exception des quatre dont c'était le jour de sortie, se tenaient dans la grande salle du rez-de-chaussée, une sorte d'estaminet, décoré de glaces et garni de nombreuses tables de marbre, comme un café.

Quelques femmes, étendues sur les banquettes ou accoudées sur les tables, sommeillaient; d'autres babillaient en fumant des cigarettes. Et, devant la cheminée, le coiffeur « M. Francis », un bon gros père, tout rond et jovial, qui avait déjà expédié huit de ces dames, démêlait maintenant la tignasse rouge de Camélia, alsacienne superbe·

Fernande, une brune bien distinguée, les cheveux défaits, attendait son tour, en lisant le journal.

Et, par la porte ouverte du vestibule, on apercevait « Madame », dans son fauteuil, en train de se tricoter des bas.

II

Soudain, il échappa à Fernande une exclamation douloureuse. Et, comme plusieurs de ses compagnes la regardèrent, elle ajouta d'une voix vibrante de pitié :

— Si vous saviez, mesdames !... Mon Dieu ! mon Dieu ! si vous saviez !...

Elle n'en put dire davantage. La voix lui manquait. Pâle, les yeux brillants comme si elle allait pleurer, elle se mit à faire de grands pas et des gestes violents, sans lâcher le journal.

M. Francis, son démêloir à la main, en resta saisi. Celles qui dormassaient sur les banquettes se dressèrent un peu sur le coude, éveillées par l'étonnement. Et elles considéraient curieusement leur camarade, secouées plus ou moins dans leur torpeur, flairant de l'inconnu, déjà gagnées elles-mêmes par cette émotion sincère, dont elles ignoraient encore le motif.

Alors, lâchant son tricotage, Madame s'avança. Dans sa continuelle sollicitude pour ce qui pouvait intéresser le physique ou le moral de son personnel, elle vint prendre la main à Fernande.

— Que t'arrive-t-il, ma belle? On voit que tu as quelque chose... Le cœur t'étouffe!

— Tenez, madame, lisez ! répondit-elle simplement. C'est là !.,.

Madame reçut le journal, qu'elle flaira quelques secondes. Mais, ne trouvant pas l'endroit et lisant peu couramment, elle passa la feuille au coiffeur.

III

M. Francis, homme instruit, lâcha la tignasse rouge de Camélia, pour lire le passage à haute voix. C'était un simple fait divers.

Il s'agissait d'une famille de réfugiés alsaciens, décimée depuis la guerre et l'invasion, réduite à une misère noire. En quelques mois, d'une position aisée dans un gros village du Haut-Rhin, les siens s'étaient trouvaient précipités en plein dénûment, sur le pavé de Montmartre. Les deux frères, cuirassiers à Reischoffen, tués dans la même charge ! Le père mort de douleur pendant la Commune ! Atteinte d'une maladie incurable, la mère dans son lit ! Et quel lit ! Un grabat nauséabond occupait l'angle d'une mansarde, pièce unique, où tout un petit monde mourait de faim et de froid : deux fillettes en bas âge, dont la grande avait six ans et demi, et un gosse, de onze ans, remarquablement intelligent. A l'âge où l'on n'est bon qu'à jouer aux billes, le précoce soutien de famille faisait tout, partant le matin pour mendier, puis montant l'eau dans un seau bossué que lui prêtait une voisine, et balayant avec un vieux balai en paille, dont le manche était plus haut que lui. Enfin l'article se terminait par un pressant appel à la charité des lecteurs.

M. Francis lisait bien. A mesure qu'il avançait dans le récit de cette infortune, une émotion plus forte s'emparait de Fernande. Quand il eut fini, celle-ci fit tout haut des commentaires, revenant sur certains détails, évoquant des particularités, laissant se répandre son cœur. Dieu de Dieu ! était-il vraiment possible que du pauvre monde pût tomber si bas et en aussi peu de temps ! C'était surtout le sort de ce gosse, courageux et intelligent, qui la navrait. On eût dit qu'il lui était quelque chose, qu'elle le voyait, là, montant de l'eau et faisant le ménage. Comme elle l'aurait mangé de baisers ! A la fin, n'y tenant plus, elle fut obligée de s'asseoir. Et, détournant le visage, fouillant dans ses poches pour prendre son mouchoir, elle fondit en larmes.

Et les autres aussi se trouvaient émues. Comme la joie ou la peur, une foudroyante pitié exerce sa contagion. Dans la vaste salle du rez-de-chaussée, elles étaient dix-sept en comptant Madame, éprouvant toutes plus ou moins ce qu'éprouvait Fernande : chacune par exemple selon sa nature particulière, avec son sang calme ou ses nerfs excitables; les unes et les autres diversement modifiées par l'âge, le degré d'intelligence, l'état sanitaire, par tout un ensemble de circonstances physiques et morales.

Camélia, que M. Francis avait pourtant fini de coiffer, se passait en revue devant la glace, poussait de gros soupirs. Une autre également alsacienne, sanglotait comme Fernande. Plusieurs, silencieuses, les yeux rouges, se mouchaient très fort, puis restaient inertes, assises dans leur coin. D'autres se donnaient beaucoup de mouvement, jacassant comme des pies borgnes, se livrant à toute sorte de réflexions apitoyées, qu'elles accompagnaient d'exclamations lamentables. Obligée d'aller et de venir, pour donner des ordres, Madame se mêlait de temps en temps à la conversation, et hochait mélancoliquement la tête.

Alors, sans qu'on sût au juste qui en avait ouvert la bouche la première, l'idée leur vint subitement, à toutes à la fois, de secourir cette misère, en se cotisant.

IV

— Tenez ! mesdames, dit la petite Lucie, une brunette éveillée, moi, je commence...

Et, sans hésiter, elle remit à Fernande treize francs cinquante qu'elle avait dans ses bas. Beaucoup firent comme elle. Les autres montèrent prendre de l'argent dans les chambres.

M. Francis, qui n'en avait plus qu'une à coiffer, eut beau se dépêcher : il n'évita pas la tuile, et ces dames lui soutirèrent une pièce de cent sous. La bonne qui mettait déjà le couvert, la cuisinière et les garçons, durent chacun donner quelque chose. A la fin du dîner, Madame, le visage enluminé, ayant bu un verre de vin de plus, fit passer à Fernande un louis sur une assiette à dessert.

Ce soir-là, la maison resta ouverte jusqu'à une heure très avancée. Toute la nuit, dans les divers salons, en guise d'aumônière, une blague de velours circula et fut présentée aux sociétés de passage. Plus d'un cœur dur, pingre au salon, s'humanisa, une fois monté aux étages supérieurs, dans les chambres. Enfin, vers quatre heures, le gaz éteint, la porte fermée, ces femmes s'endormirent, plus harassées que de coutume ; mais elles éprouvaient ce contentement secret que procure une bonne action accomplie. Fernande surtout, et Camélia, couchées dans le même lit avec le magot entre elles, sous l'oreiller, ronflaient comme deux bienheureuses.

V

Compté le lendemain matin, au déjeuner, le magot se trouva être de sept cent quatre-vingt-quinze francs; Madame ajouta cinq francs pour faire les huit cents. Mais, de bon conseil et pleine d'expérience, Madame mit leur crédulité en garde contre une imprudente précipitation. Il fallait y voir clair et savoir ce qu'on faisait, n'est-ce pas, même en faisant la charité ! Le journal, précieusement conservé, indiquait bien l'adresse de cette malheureuse famille, à Montmartre; mais ils étaient quelquefois si blagueurs, tous ces journalistes. Puis, les reporters eux-mêmes pouvaient avoir été induits en erreur par de malhonnêtes gens, par d'adroits filous; cela s'était vu. Avant de se dessaisir de la somme, il fallait donc faire parvenir un léger secours, par quelqu'un qui rapporterait des renseignements.

Envoyé l'après-midi même, avec vingt francs, le

sommelier de la maison, un brave homme, revint et donna des détails précis. Le journal n'exagérait rien ; au contraire. La mère, clouée dans son lit, n'avait pas quinze jours à vivre. Les deux fillettes, sur un tas de paille, grelottaient de fièvre. Le courageux petit garçon était joli comme un cœur.

Le lendemain, en robe de soie montante, gantées, s'efforçant d'avoir de la tenue, Fernande et Camélia allèrent visiter leurs pauvres. On les prit, à Montmartre, pour deux très grandes dames.

— Vous êtes des anges et des saintes, vous! murmurait la moribonde en joignant les mains.

Sur le conseil de Madame, une partie de la somme, prélevée, servit à payer la pension de l'enfant dans un lycée. Pendant dix années, une sorte de fondation charitable, dans la maison, paya cette éducation. Chaque nouvelle venue, en entrant, était avertie qu'elle aurait à verser tant par mois. Il a dû en passer, pendant ces dix années, des Fernande, des Camélia, des Lucie, des Paquita, des Dolorès! Leur fils adoptif à toutes ne s'est même jamais douté qu'il avait autant de mères.

LE RETOUR

DE

JACQUES CLOUARD

LE RETOUR DE JACQUES CLOUARD [1]

I

A Carouge, dans la banlieue de Genève, la rue Winkelried, une courte ruelle, donne sur une large avenue qui conduit à la ville. Carouge ressemble à Vaugirard : beaucoup d'ouvriers, de petits bourgeois ; déjà la province, à vingt minutes d'une capitale en miniature. Au milieu de la courte ruelle, une crémerie-fruiterie, dont les bottes de radis, les salades, choux-fleurs et carottes, les piles de fromages, font une grande tache gaie au milieu de la banalité des masures voisines. Le regard accroché par cette sorte de na-

[1] La plus anciennement écrite, après Mademoiselle d'Entrecasteaux, cette nouvelle a paru dans un journal, la Vérité, du 23 Juillet au 6 Août 1880.

ture morte claire, s'y arrête avec complaisance.

Le samedi, 10 juillet 1880, vers onze heures du matin, il n'y avait personne dans la boutique pleine de clarté. Seul, un gros chat, roux, dormait au soleil, étendu sur l'établi d'un savetier, qui occupait une étroite échoppe, prise dans la devanture. La tête du chat, hérissée de longues moustaches, touchait presque au tranchet. Son dos portait contre un tas de vieilles chaussures à ressemeler. Toutes sortes de morceaux de cuirs faisaient un fouillis entre ses pattes. Enfin, dans un coin, contre la muraille, sous une boîte à cirage et un marteau, une pile de journaux surmontait deux ou trois volumes dépareillés.

— Tiens ! fit en rentrant la fruitière, une lourde Suissesse à l'air réjoui ; monsieur Clouard n'est donc pas là ?

Puis, tirant un journal de sa poche, et se parlant toujours à elle-même :

— Je lui apporte quelque chose qui lui fera joliment plaisir.

Et la fruitière, ayant déployé la double feuille du journal, le déposa ainsi, tout ouvert, sur l'établi. Ne daignant pas risquer un regard, le chat continua à dormir, garanti du soleil. C'était un *Petit Lyonnais*, arrivé à Genève depuis quelques instants. En haut, sur une largeur de la page, on lisait en grosses lettres : « VOTE DÉFINITIF DE L'AMNISTIE. »

Monsieur Clouard était allé rendre une paire de bottines, à laquelle il avait remis des talons. Il fut bientôt là, debout sur le seuil de la boutique, grand, élancé, mais chétif, le dos un peu voûté et la poitrine creuse, tenant soulevé d'une main son tablier de cuir, plein de nouvelles chaussures à raccommoder. Alors, de sa voix brusque, cette fois tempérée par un sourire maternel, la Suissesse lui cria :

— C'est comme cela que vous gardez ma boutique, vous !... Eh ! si l'on était venu me voler quelque gruyère, un panier d'abricots ?

Comprenant la plaisanterie, Clouard souriait. Il n'avait pas bonne mine. Une vraie figure de papier maché, dans laquelle s'enfonçaient de petits yeux, à cils rares et à paupières rougies, mais ardents et fébriles, luisant comme des braises. Son front haut, bombé, étroit, était couronné de cheveux poivre et sel, éclaircis et comme reculés par la calvitie naissante. Les pommettes des joues lui saillaient ; sa barbe inculte, mal peignée, lui faisait une broussaille blonde, çà et là salie par des parties blanches. Rien que quarante-trois ans : presque un vieillard !

— Vous avez l'air toute gaie ce matin ! dit-il en s'approchant de la fruitière. Que vous est-il donc arrivé ?

Sans répondre, celle-ci pelait des pommes de terre pour le déjeuner. Mais, du coin de l'œil, elle surveillait Clouard. Lui, s'asseyait déjà devant son établi. Tout à coup, une exclamation ! Et se tournant vers la fruitière, le *Petit Lyonnais* à la main :

— C'est vous qui m'avez apporté...? Vous êtes bien aimable, madame !

Il dévorait des yeux la dépêche de Paris, donnant le résumé de la dernière séance de la Chambre.

— Oui, l'amnistie !... C'est voté par la Chambre !... L'amnistie !... Le Sénat n'a plus à y fourrer son vieux pif : c'est pas malheureux ! Ça y est !

Dans son émotion, il était plus pâle encore. Soudain, quittant le journal, il tendit la main à la fruitière :

— Madame, merci... C'est du fond du cœur !... Vous avez toujours été très bonne pour moi... Et vous avez voulu comme ça m'apporter, la première, la grande nouvelle ?

Puis, avec un sourire, qui n'était pas sans grâce, ni finesse :

— Alors, je vous dois un sou !

Mais la fruitière qui s'était levée, lui secouait la main.

— Écoutez, monsieur Clouard, cria-t-elle d'une voix de stentor et en riant aux éclats ; ça ne fait rien que mon mari ne soit pas rentré : vous pouvez m'embrasser !... Je suis assez vieille, et laide, il n'y a pas de danger ! Puis, il n'y en aurait pas avec un honnête homme comme vous... Embrassez-moi carrément.

Et elle approchait sa bonne large figure, sur laquelle il déposa trois gros baisers.

Maintenant, toujours à son établi, pendant que la fruitière préparait le déjeuner, Clouard lut et relut le journal. De temps en temps, il s'accoudait à côté du chat endormi ; puis, une joue dans le creux de la main, interrompant sa lecture, il regardait dans le vide. Sa pensée le transportait-elle au milieu des êtres chers, pas revus depuis dix ans ? Pourquoi cette ride d'inquiétude qui lui plissait le front ? Il était de plus en plus pâle. Toutes sortes de réflexions passaient dans ses yeux : il y en avait de tendres, qui humectaient le rebord rougi de ses paupières ; et de poignantes, de douloureuses, qui crispaient ses doigts et son visage. En faisant cuire ses pommes de terre frites, la fruitière l'observait à la dérobée.

— Diable ! pensait-elle, les bonnes nouvelles lui font un curieux effet... Celui-ci n'a pas l'air drôle, lorsqu'il est heureux.

Pendant le déjeuner, elle et son mari n'arrachaient de leur pensionnaire que des monosyllabes. Au café, en fumant une pipe, M. Clouard, pour couper court à leurs félicitations interminables et à leurs questions indiscrètes, leur lut le *Petit Lyonnais*.

La Chambre française avait adopté, en bloc et sans discussion, l'amnistie accordée en deuxième délibération par le Sénat. Mais le journal donnait in-extenso le compte rendu de la séance du Sénat. Ce n'était guère amusant, et d'un embrouillé! On ne savait sur quelles pointes d'aiguilles avait piétiné la discussion. Des mots vagues, des cheveux coupés en quatre, des arguties! Des articles votés et aussitôt annulés par des exceptions, que des paragraphes additionnels annulaient elles-mêmes! Pourtant, à déchiffrer ce grimoire, on s'imaginait voir les têtes de ces gredins de sénateurs : ceux qui votaient oui, grillant d'envie de voter non, et ceux qui votaient non, suant de peur pour n'avoir pas voté oui. C'était donc cela, la politique! Une mesquine et plate comédie, une simple blague, toujours la même, en tous temps et sous tous les régimes. Les deux bons Suisses, ouvrant leurs oreilles, écoutaient religieusement, intrépidement. Peu à peu, l'étonnement d'abord, puis l'ennui, passaient sur leur visage.

La lecture achevée, le mari et la femme sortirent pour leurs affaires. Le savetier, resté seul, garda la boutique et, de toute l'après-midi, ne quitta pas son établi. Moins pâle, devenu calme, n'ayant plus d'absences, il travaillait. Jamais il ne s'était servi avec plus d'entrain de l'alène ou du tranchet. Les habitants de la rue Winkelried, en passant devant lui, se disaient : « Diable! aujourd'hui, le père Clouard n'est pas en train de flâner! » Mais, un peu après cinq heures, le fruitier étant revenu le premier de ses courses, Clouard interrompit son travail et monta au dernier étage de la maison, dans le petit cabinet meublé où il logeait. Là, un brin de toilette. Il cira ses souliers, se lava le visage et les mains, passa une chemise propre. Au bout d'un quart d'heure, vêtu de ses plus beaux habits, c'est-à-dire d'un pantalon gris et d'une longue redingote noire, mal faite et râpée, il prit le tramway qui va de Carouge dans l'intérieur de Genève.

En descendant du tramway, Clouard se dirigea vers le *Café de la Couronne*. C'était l'heure de l'absinthe, le café regorgeait de consommateurs. Le temps étant magnifique, toutes les tables du dehors se trouvaient occupées. Ce *Café de la Couronne*, et le *Café de Paris*, un peu plus loin, en face du Rhône, étaient alors le rendez-vous des réfugiés français. Les célèbres de l'insurrection, ceux qui avaient occupé un poste important et les journalistes, venaient là régulièrement, surtout ceux qui, ayant la nostalgie du café de Madrid ou du café de Suède, n'auraient pas manqué, même pour une commutation de peine, d'y flâner chaque soir, pour lire et commenter les journaux, deviser, discuter, cancanner, enfin se croire un peu sur le boulevard. Ce jour-là, outre les habitués, tout le ban et l'arrière-ban des communards se trouvait au *Café de la Couronne*, formant un grand cercle. Du plus loin que Clouard fut aperçu, ses compatriotes, même ceux qui auraient fort été embarrassés de dire son nom, le reconnurent, et l'appelèrent, en faisant de grands bras : « Bonjour, mon vieux ! — Qu'est-ce que tu prends? — Tiens! voilà une chaise. — Il a fallu ça pour te démarrer : on ne te voit jamais! — A propos, ton nom? je le sais pourtant et je ne m'en souviens jamais. » Plusieurs, très émus, l'œil brillant, quelque peu émêchés, lui donnèrent fraternellement l'accolade. Rochefort lui toucha la main. Mais, une fois assis, son verre apporté, quand Clouard eut trinqué avec ses voisins, échangé quelques phrases sur des généralités, il ne tarda pas à se sentir isolé.

La conversation était animée, joyeuse, bruyante. On faisait tout haut des projets; beaucoup parlaient de Paris : la fête du 14 juillet serait magnifique! Certains partaient le soir même, avec Rochefort; la plupart filaient le lendemain matin; mais Clouard gardait le silence, ne trouvait rien à dire, ne sachant quelle contenance garder sur sa chaise. Timide et fier, lui, ne partait ni le soir, ni le lendemain! Ah! on lui aurait payé sa place en express, qu'il n'aurait avoué à personne le pourquoi! A la fin de l'hiver, une maladie de six semaines l'avait mis en retard envers le fruitier et la fruitière de la rue Winkelried. Pouvait-il partir, en devant à ces excellentes gens, si secourables? Donc, la France, cette France du côté de laquelle le soleil commençait à se coucher, là-bas, ne lui était pas encore ouverte. Quinze jours, peut-être un mois, il lui faudrait peiner pour payer sa dette. Mercredi, le jour de la grande fête nationale du 14, on illuminerait sans lui. Aussi la joie des autres lui serrait le cœur; les hommes ne seraient donc jamais égaux, même devant l'amnistie. Emprunter? Certes, la fraternité était une chose moins creuse et moins illusoire que l'égalité : parmi les réfugiés, se trouvaient de braves cœurs; des camarades généreux lui avanceraient volontiers quelques pièces de cent sous. Il n'avait qu'un mot à dire, à tel et à tel. Tout autre que lui, aurait déjà... Non! on ne se refait pas! Il est si pénible, pour certains caractères, de prendre quelqu'un à l'écart et de commencer à voix étranglée : « Je voudrais vous demander un service : ne pourriez-vous pas, mais là, pas pour longtemps, jusqu'à telle époque, m'avancer la somme de...? »

Au lieu de prendre quelqu'un à l'écart, le savetier recula seulement sa chaise, bourra une pipe, tomba dans une profonde mélancolie. La soirée était magnifique. En face, le lac de Genève, comme un grand enfoncement bleu entre les hautes dentelures des montagnes, rosées par le soleil couchant, semblait un décor de féerie. Un bateau à vapeur partit de l'embarcadère placé devant le *Café de la Couronne*, à quelques pas. Le pont était couvert de passagers, messieurs avec des lorgnettes en sautoir, dames en robes claires. Un gai panache de fumée, d'abord blanche, puis noire, s'envolait de la cheminée. Tout de suite, une commotion au cœur : sa pensée à cent cinquante lieues de là et à quinze ans en arrière ! Au lieu du lac, la Seine et ses bateaux-mouches ; l'évocation de quelque souvenir heureux, comme un grand voyage à Suresnes ; un dîner sur l'herbe, puis un lent retour, en remontant le fleuve, à deux sur le pont, se serrant l'un contre l'autre au milieu de la cohue des passagers du dimanche.

La nuit tombait, le *Café de la Couronne* devenait désert. Il ralluma sa pipe et revint à pied à Carouge. Après le dîner, quel ne fût pas l'étonnement du fruitier et de sa femme, de voir leur pensionnaire se mettre à un ressemelage, le soir, contre toutes ses habitudes. Le lendemain, au lieu de faire la conduite à ceux qui partaient, levé deux heures plus tôt que d'habitude, il peinait dur. Après le repas du soir, il travailla même à la chandelle.

— Vous allez vous tuer, monsieur Jacques, lui dit la fruitière, ne devinant pas encore.

Elle comprit tout à coup, la brave femme, et retint une exclamation. Puis, le soir, au lit, elle causa longuement avec son mari. Et leur conversation amena ce résultat : le lendemain, mardi 13, ces braves gens accompagnaient leur pensionnaire à la gare, au train de onze heures. Non seulement ils ne voulurent rien recevoir de l'arriéré de quatre-vingt-trois francs, mais ils remirent à celui qui partait, dix-sept francs « pour faire la somme ronde. »

Clouard se défendait :

— Pour ça, non ! jamais !... Vous voyez que j'ai amplement de quoi prendre ma troisième classe.

— Acceptez toujours, on ne sait pas... Vous nous rendrez plus tard, tout à la fois.

On s'embrassa.

— Je vous écrirai bientôt ! leur cria-t-il par la portière.

Genève était loin ; Jacques se sentait encore tout triste de quitter, sans doute pour toujours, cette Suisse hospitalière où il avait trouvé de braves cœurs. Soudain, un ralentissement du train, un arrêt. Tandis que des employés, d'une voix endormie, disaient : « Bellegarde... Bellegarde... » la portière s'ouvrit, et un douanier impoli, presque brutal, vint lui ordonner de retourner ses poches. Jacques Clouard était en France.

II

Jacques Clouard était en France. Ces arbres, ces prairies, ces champs de blé, ces côteaux couverts de vignes, ces fermes aux volets clos, ces chemins vicinaux blanchissant à la clarté de la lune, ces villages endormis dont le clocher se profilait un moment sur le ciel, toute cette contrée inconnue qu'il voyait se dérouler peu à peu par la portière comme une fantasmagorie de lanterne magique, c'était la patrie. Et il lui semblait que ses poumons respiraient plus largement. Un poids, qui avait pesé sur lui pendant des années, ne l'oppressait plus. Dispos, léger, heureux de vivre, trouvant la nuit douce, aimant les trépidations du train en marche, ému par les sifflements de la locomotive, il lui semblait que chaque tour de roue le rapprochait de quelque joie extraordinaire.

Deux autres amnistiés, retrouvés à la gare, étaient assis en face de lui. A l'autre portière, des gens du pays, paysans des villages voisins; ceux-ci descendirent bientôt. Une fois seuls, les trois voyageurs cassèrent une croûte. Au moment des adieux, la fruitière avait fourré de force, dans la poche de Clouard, un demi-saucisson et un immense morceau de gruyère. Ses camarades, eux, avaient du pain et du vin. On se passa le litre à tour de rôle et l'on but à la régalade. Puis, chacun fuma une pipe, en parlant de Genève, du voyage, de l'heure où l'on arriverait à Dijon, de Paris où ils se trouveraient le lendemain soir, à la fin de la fête. La pipe éteinte, les deux camarades s'étendirent chacun sur une banquette. Tout de suite ils ronflèrent. Clouard, à l'autre portière, s'étendit comme eux ; mais le sommeil ne vint pas.

Vers trois heures du matin, l'aube parut. On avait dépassé Bourg. Pendant que le train omnibus continuait sa marche, entrecoupée à chaque instant par de nouveaux arrêts, Clouard qui n'avait jamais eu si peu envie de dormir, réfléchissait. Ses idées filaient plus vite que la locomotive. Dans une demi-fièvre, il voyait se dérouler toutes sortes d'images du passé.

D'abord, un club de 1848. Tout gamin, n'ayant pas onze ans, il était là, debout, dans la foule, à côté de son père qui le tenait par la main. A la tribune se succédaient des orateurs : les uns, peu écoutés, de purs grotesques, bredouillaient très vite des phrases pompeuses, interminables, apprises par cœur, jusqu'à ce qu'une tempête de cris, de rires, de lazzis, de sifflets, vînt les forcer à regagner piteusement leurs places ; d'autres, au contraire, parlaient avec leur cœur : suspendue à leurs lèvres, la foule vibrait longuement sous leur parole. De beaux enthousiasmes pour la liberté et la justice, la fierté des revendications plébéiennes, les accents mâles des révoltes, les cris de douleur poignants de la misère sociale, tout cela faisait frissonner l'assistance comme un champ de blé aux épis murs, tantôt balancés par des souffles doux, tantôt couchés par un grand vent. Et lui, très enfant, comprenait à sa manière : criant des bravos de sa voix grêle, puis, crispant de colère sa petite main dans la main de son père. Oui, à onze ans, Jacques Clouard, fils d'un insurgé de Juin, avait déjà des passions politiques !

Son père trouvé mort sous la barricade, la poitrine trouée. Les longues années d'adolescence misérable, seul avec sa mère, dans leur étroit logement de la rue Saint-Vincent à Montmartre. Son cabinet mansardé, tout là haut, d'où la fenêtre avait vue sur les tombes blanches du petit cimetière. Le lit prenait presque toute la place ; on y brûlait l'été, l'hiver il y pleuvait. Mais que d'après-midi du dimanche passées là, à lire le *Contrat social* et deux ou trois volumes dépareillés de Proudhon, tandis que ses jeunes camarades couraient les cafés, les bastringues ! Lui, tâchait de s'instruire, réfléchissait, échafaudait toute sorte de beaux rêves où l'humanité, transfigurée par l'instruction et les bienfaits d'une République idéale, vivait très bonne et très heureuse.

Bientôt, à ses rêves de bonheur social, s'en mêlèrent d'autres, plus intimes, plus doux. Il avait commencé à désirer la femme, l'amour de la femme. Vivre heureux et libre, dans la paix universelle, ne lui suffisait plus : le bonheur serait de vivre à deux. Un bras plus délicat qui s'appuierait sur le sien ! Une compagne, une moitié de lui-même, qui partagerait ses joies et ses peines ! Avoir un intérieur, où il se reposerait après les labeurs de la journée.

Même, il se souvenait d'une époque troublée, cuisante et malsaine, de son adolescence. La nuit, des désirs de feu, des visions voluptueuses, le tenaient éveillé dans sa couchette. La maison de cordonnerie pour laquelle il travaillait, avait la spécialité des chaussures de femmes ; ne lui arrivait-il pas de rester en contemplation devant son œuvre, quelque mignonne et élégante bottine, inachevée. Quel pied adorablement cambré chausserait-elle ? La verrait-on tournoyer dans un bal à l'extrémité d'une jambe faite au moule, courir furtivement à des rendez-vous d'amour ? Ces rendez-vous d'amour ne seraient jamais pour lui, une poignante mélancolie lui comprimait la poitrine.

Un soir, barrière de Clichy, en remontant à Montmartre après son travail, il s'arrêta au milieu d'un grand cercle de gens écoutant un couple, le mari et la femme, qui chantaient des romances patriotiques ou sentimentales. Tout à coup, il sentit une main presser la sienne. Une fille lui avait parlé à l'oreille. Et il s'était laissé entraîner chez celle-ci, dans une chambre honteuse d'hôtel garni. Pour quarante sous! Il en était redescendu le cœur triste, avec un tel dégoût de l'amour à tant la séance, que, la timidité aidant, il était resté longtemps chaste. Puis, il s'était marié de bonne heure.

Marié, père de famille, il avait eu réellement pied dans la vie; il avait connu un surcroît d'inquiétudes, de misères, avec çà et là, des heures qui lui semblaient maintenant calmes et douces, embellies qu'elles devaient être par le souvenir. Sa femme, une vaillante travailleuse, Adèle Clément, maladive et maigre, possédait une volonté de fer. Pas belle avec cela; un long nez dans une figure osseuse, jaune comme un coing. Mais ce n'est pas la beauté qui met du bœuf dans la marmite!

Le pot-au-feu! De la marmaille : une fille d'abord, puis trois autres qui n'avaient pas vécu, enfin un garçon, survenu tard, après onze ans de mariage! Des hauts et des bas; des chômages, des maladies, des danses devant le buffet vide, des nippes portées au clou, le coup dur du terme chaque trimestre, telle avait été sa vie pendant douze ou treize ans : quelque chose de pas drôle ! Un lourd fardeau, qu'il n'eut jamais supporté tout seul, sans l'aide de son énergique Adèle.

Toujours trimer, du Jour de l'An à la Saint-Sylvestre; ne jamais être plus riche; s'user à petit feu, et se sentir vieillir dans cette bataille quotidienne du pain à gagner : voilà ! Ce n'est pas la peine qu'on se donne qui coûte, mais « ne pas avoir d'espoir ! » Être certain que l'on ne sera jamais plus avancé, jusqu'au jour où l'on sera couché dans la fosse commune, au Père-Lachaise. Aussi, nom de Dieu ! sa journée achevée, quand il était resté des heures et des heures à tirer l'alène, immobile sur sa chaise, il en avait jusque-là ! Un besoin de mouvement et d'agitation le transportait. Ah ! si l'on était venu lui chercher dispute en ces moments-là, il eut volontiers tout cassé ! Adèle évitait même de lui parler, en ces heures d'énervement et de fureur concentrée. Que faire, alors, pour se détendre? On vivait sous l'empire autoritaire, en plein étouffement : silence partout ! Ni liberté de tribune, ni liberté de réunion. Pas même un journal intéressant à lire. Pas la moindre bouffée d'air sain pour rafraîchir son front brûlant. Que faire ? Courir les mastroquets avec les camarades, lever le coude et se rougir la trogne, s'abrutir? Ou bien se renfoncer dans les rêves creux, relire Proudhon et le *Contrat social*, échafauder des républiques idéales, véritables paradis terrestres, où ne règneraient que les lois naturelles : la justice et la fraternité? Eh bien, non! se repaître de songes creux n'était pas assez substantiel. Et l'alcoolisme était trop bête. Ce qui l'avait soutenu, pendant ces années étouffantes de l'empire, c'était de guetter l'heure vengeresse où s'écroulerait de lui-même le haïssable château-de-cartes du despotisme.

Aux heures les plus prospères en apparence, aussi bien sous la glorieuse poudre-aux-yeux de la guerre d'Italie que, plus tard, pendant le pompeux apparat de l'exposition de 1867; que, plus tard encore, sous l'insolent triomphe du plébiscite, lui, appliquant l'oreille contre terre, comme les sauvages qui savent ouïr un bruit lointain imperceptible pour des oreilles civilisées, s'était réjoui en secret des premiers craquements avant-coureurs du cataclysme définitif. L'avertissement mystérieux de Sadova, le prodigieux doigt dans l'œil de la guerre du Mexique, le réveil de l'esprit public aux élections générales, la grossière mascarade de l'empire libéral : comme il avait joui au fond de son être de ces sourdes lézardes de l'édifice! Il leur avait découvert un sens caché, une signification profonde, l'indice du prochain affranchissement. Une belle époque, après tout, que ce ministère Ollivier où, malgré les sept millions de « oui », les pavés çà et là commençaient à se soulever d'eux-mêmes, les barricades à pousser comme des champignons, et où, chaque soir, sur les boulevards effarouchés, des files sombres de sergents de ville passaient lentement.

Puis, les faits s'étaient précipités : la déclaration de guerre à la Prusse, nos désastres, Reischoffen, Bazaine enfermé dans Metz, Sedan, le 4 septembre. Cette journée-là, par un radieux soleil faisant reluire cent mille baïonnettes sur la place de la Concorde, sans effusion de sang, au milieu de la satisfaction générale, l'empire, sans prendre le temps de faire ses malles, s'était sauvé comme un caissier filant sur Bruxelles. Quel soupir de soulagement dans les poitrines ! Quelle joie profonde, mais grave, attristée par la pensée que l'ennemi victorieux arrivait sur Paris, à marches forcées ! Ensuite, un triste lendemain : les cinq mois du siège, l'inertie du gouvernement, le pain noir ! La triste découverte que l'étiquette seule de l'Empire avait disparu, mais que rien ne serait changé dans les institutions ! Les inutiles larmes de Jules Favre à Ferrières, et les bulletins du général Trochu ! La famine, la capitulation, la paix honteuse ! Enfin, la Commune.

Ici, une sorte de voile obscurcissait les souvenirs de Jacques. Il ne savait plus trop comment il s'était trouvé embarqué dans cette aventure. Pour suivre les camarades, assurément. Au commencement du siège, s'imaginant que les Prussiens allaient tenter une attaque de vive force, et qu'on ferait le coup de feu au rempart, il s'était engagé avec enthousiasme dans la garde nationale. Puis, revenu de ses illusions patriotiques, il était resté dans la garde nationale sédentaire, tout simplement pour les trente sous; quarante-cinq, parce qu'il était marié.

Le 31 octobre, il avait bien fait partie des cent cinquante mille hommes qui s'étaient portés à l'Hôtel de Ville; le 18 mars, il s'était naturellement trouvé avec ceux qui voulaient que la garde nationale conservât ses canons : mais qu'avait-il fait personnellement, lui, Jacques Clouard, pendant ce second siège? Mon Dieu! absolument ce qu'il avait fait pendant le premier : rien! Encore des nuits de garde, passées à défendre la mairie de Montmartre, la porte d'Ornano, un magasin de fourrages, d'autres postes nullement menacés. Toujours de longues heures de faction, le flingot ancien système au bras, avec, de loin en loin, des rondes-major inutiles, où quelque officier fédéré, en grand mystère, échangeait le « mot d'ordre » contre le mot de « ralliement ».

Seulement, l'ancien capitaine de leur compagnie, celui du premier siège, était un bourgeois qui volait le gouvernement de la Défense nationale et bourrait ses poches avec des sommes pêchées dans l'eau trouble de ses comptes; tandis que le nouveau, celui de la Commune, honnête mais toujours pochard, était un bon diable qui n'eût pas fait tort d'un sou à personne, mais qui, affligé d'une soif inextinguible, vous avait le pif couleur du drapeau de l'Insurrection.

Un jour, pourtant, on les avait fait sortir de l'enceinte fortifiée, la compagnie entière, officiers en tête. On avait reçu de la place une mission : se rendre sans armes à Levallois-Perret, afin de déblayer la gare, de toutes sortes de marchandises, qui gênaient la défense. On était parti à pied, de très grand matin, avec des vivres. Il n'avait pas fallu moins de six à sept heures pour bâcler la corvée. Puis, le soir venu, quand la compagnie, toujours sans fusils, mais marquant le pas et rangée en bataille, se présenta à la porte d'Asnières, non seulement on trouva la porte fermée, le pont-levis en l'air, mais quelques sentinelles de l'armée de Versailles firent feu tout à coup sur la bande des fédérés, dans le tas, et descendirent quatre camarades. Nom de Dieu ! Les Versaillais étaient dans Paris, déjà les maîtres de toute la région nord-ouest. Alors sauve qui peut ! Et de se disperser dans la banlieue, et de rappliquer chacun chez soi, de son mieux, en prenant des détours naturellement. Pendant toute la semaine sanglante, Jacques Clouard n'avait pas bougé de chez lui, son fusil et ses effets de garde national jetés, prudemment retenu au logis par la sollicitude d'Adèle.

— Mais laisse-moi au moins faire un tour... Tiens, regarde, Paris entier est en flammes... Un tas de monuments brûlent... Vois! Un immense nuage noir, çà et là ensanglanté de rouge, barre le ciel.

— Tu peux bien regarder tout ça de la fenêtre!

— Tu m'ennuies, à la fin. Je te répète qu'il n'y a pas de danger pour ceux qui n'ont rien fait; et moi, tu sais bien que, après tout, je n'ai rien fait.

— C'est comme si tu chantais!... Je te dis qu'il faut rester chez nous.

Les derniers coups de canons tirés du Père-Lachaise, quand les monuments incendiés ne furent plus qu'un amas de cendres fumantes, Jacques avait repris son train-train de vie ordinaire. Il trouvait du travail et se croyait désormais tranquille, l'ayant échappée belle, par exemple, le jour de la promenade à Levallois-Perret, mais à l'abri maintenant de toute poursuite, se disant même dans sa quiétude égoïste : « Après tout, ce n'était pas si terrible que ça ! » Lorsque, un matin, plusieurs mois après, se trouvant encore au lit avec sa femme, soudain, un « toc! toc! » discret à la porte. Deux mouchards en bourgeois, l'un vieux et brutal, l'autre, tout jeune, égrillard et gentil, venaient le cueillir au petit jour.

— Que me voulez-vous, messieurs?

— Ne vous appelez-vous pas Jacques Clouard?

— Oui, marié, père de famille...
— Votre âge?
— Trente-trois ans, messieurs. Mais pourquoi, s'il vous plaît, cet interrogatoire?
— Et bien! il existerait une condamnation par coutumace prononcée contre vous.
— Une condamnation? La bonne farce! s'était écrié Jacques, sans la moindre émotion. Et, une condamnation à quoi?

Ici, de l'hésitation chez les deux mouchards. Une main dans la poche, pour palper le revolver tout armé. Puis, le jeune, le loustic, d'une voix hésitante qu'il s'efforçait de rendre douce :
— Il paraîtrait que vous êtes condamné à mort, mon ami.
— A mort! Comment? A mort!
— Seulement par coutumace... Tenez! moi, si je me trouvais à votre place, savez-vous ce que je ferais?... Je m'habillerais d'abord, bien tranquillement, puis... Oui, vous devriez venir avec nous, vous expliquer chez le commissaire de police du quartier.

Voilà comment Jacques Clouard, sans gestes ni grands cris comme dans les mélos, mais, là, très naturellement, en douceur, s'était trouvé pris dans un engrenage, dont, au bout de dix ans, il ne s'était pas encore dépêtré.

Du commissariat de police au Dépôt, dans une cellule, comme le dernier des malfaiteurs. Du

Dépôt, transféré à la prison de Versailles ; puis, passant devant le premier conseil de guerre, et condamné contradictoirement à la déportation à vie dans une enceinte fortifiée ; déporté en Nouvelle Calédonie ; évadé de Nouméa, ayant passé pour mort à la suite de l'évasion, et supprimé des registres de l'état civil ; alors, de Genève, où il avait prudemment attendu l'amnistie sans donner signe de vie, il avait seulement écrit deux lettres, restées l'une et l'autre sans réponse, à sa femme, qui avait dû changer plusieurs fois d'adresse en huit ans. De sorte qu'il était resté sans aucune nouvelle de sa famille : ni de sa femme, ni de sa fille Clara qui devait être entrée dans sa dix-septième année, ni de son petit Pascal. Seulement, aujourd'hui, le mauvais sort devait être conjuré ; ses malheurs touchaient sans doute à leur fin. Et, pendant ces méditations de Jacques, le train omnibus continuait de n'avancer qu'avec une déplorable lenteur. Vers le milieu du jour, une heure d'arrêt à Dijon ; il mangea. Remonté en wagon, ses paupières devinrent lourdes ; il dormit plusieurs heures. Soudain, il s'éveilla. Le train était arrêté. Et, de la portière, un employé, debout sur le marchepied :

— Votre billet, s'il vous plaît ?

Jacques Clouard arrivait à Paris.

III

En posant le pied sur le trottoir bitumé du débarcadère, Jacques se sentit doucement ému. Enfin, il foulait le sol de Paris, de la ville natale. Tout ce qu'il avait souffert pendant ces dix ans, n'existait plus. La pitoyable aventure de l'exil n'était qu'un mauvais rêve. S'il l'eut osé, il se fut agenouillé sur cette terre dont il avait longtemps été privé, et, pour en bien reprendre possession, il l'eût ardemment baisée. Ses deux compagnons de route éprouvaient aussi quelque chose. Tous les trois se serrèrent silencieusement la main. Au moment de passer par la sortie, comme des détonations lointaines éclataient, ils se regardèrent.

— Entendez-vous ?... La fête !
— Très chic ! Ce n'est pas fini !
— On nous salue... Merci et bonjour, citoyens !

Ils parlèrent de leurs bagages. Au lieu de s'empêtrer chacun de sa malle, le mieux était de serrer le bulletin dans son porte-monnaie. On reviendrait demain chercher son balluchon. Le plus pressé était de courir à la fête, dont les rumeurs profondes leur arrivaient. Le cadran de l'horloge marquait dix heures vingt. Les six feux d'artifices devaient être tirés ; mais l'on arrivait à temps pour les illuminations.

— Tiens ! il pleut ! fit tristement Clouard, en voyant les vitres de la salle d'attente toutes mouillées.

C'était vraiment fâcheux. Le bon Dieu n'était décidément qu'un Versaillais, qui n'aimait pas les vieux solides de la Commune. Il aurait pu se passer de leur asperger le visage de ces larges gouttes. Mais, à peine au milieu de la descente, ils oublièrent la pluie : ils s'étaient retournés, et, ce qui les impressionnait, c'était la façade de la gare, illuminée jusqu'au faîte, de frises de gaz, autant de lignes de feu dessinant toute l'architecture.

Alors, une curiosité, l'envie de tout voir, leur fit hâter le pas. Ils prirent la rue de Lyon, laissant à droite le boulevard Mazas, où quelques maisons, couvertes de lanternes vénitiennes, faisaient ressortir la tristesse sombre des hauts murs de la prison.

A l'intersection de la rue de Lyon et de l'avenue Daumesnil, ce fut comme une sensation très douce, quelque chose leur fit du bien au cœur. Très haute, sur un piédestal, entourée de mâts et de drapeaux, au milieu d'une sorte de chapelle ardente, une statue de la République, majestueuse, en bonnet phrygien ! C'était bien elle, la noble vierge, qu'ils avaient longtemps aimée, pour laquelle ils avaient sacrifié leurs belles années! Ils la retrouvaient grave et sereine, entourée de ce même culte passionné qu'ils lui avaient gardé toujours, au plus profond d'eux, jusqu'au delà des mers. Et, ce qui commençait à les pénétrer aussi, c'étaient les effluves d'une joie large répandue dans l'atmosphère : voix humaines criant des vivats, orchestres en plein vent, explosions de pièces d'artifices. Le lointain brouhaha d'une capitale, la sensation chaude de deux millions d'êtres remués par une surexcitation commune. La pluie cessait ; de larges éclairs embrasaient le ciel, élargissant l'illumination générale.

Tout à coup un cri d'enthousiasme leur échappa et ils s'arrêtèrent béants. Sur la colonne de Juillet, éclairée par quatre réflecteurs électriques, tout en lumière sur le fût sombre, comme planant, apparut le Génie de la Liberté. Ils battirent des mains.

— Bravo ! Vive la Liberté !

Ils ne pouvaient se lasser de la contempler. Elle, aérienne et lumineuse, semblait la déesse de la ville, de la terre entière. C'était pour fêter sa présence définitive et la retenir parmi nous, l'étrangeté de ces ballons orange, disposés en guirlandes lumineuses autour de la place de la Bastille. D'autres ballons oranges pendaient au milieu des arbres, comme des fruits mystérieux.

Et la gare de Vincennes, par-dessus ses frises de gaz, élevait des fanaux de locomotives, dont les feux tricolores brûlaient eux aussi pour la Patrie et pour la Liberté. La foule était compacte. Des groupes de trois ou quatre cents personnes, hommes et femmes, bras-dessus, bras-dessous, avec des militaires, portant, les uns, des lanternes au bout de bâtons, les autres des rameaux de feuillage, faisaient le tour de la colonne en chantant, sur l'air des lampions : « *les Jésuites sac au dos* », et le premier couplet de la *Marseillaise*, puis, sur l'air de la polka de Fahrbach : « *Les Jésuites sont partis ! ah ! ah ! ah !* » Mais ni cohue, ni bousculade. Pas d'encombrement. Le peuple marquait le pas, sous les éclairs, mouillé par une nouvelle averse. Chacun tenait scrupuleusement la droite.

Boulevard Beaumarchais, plus de groupes distincts, mais un fleuve, s'écoulant en ordre. De cinquante en cinquante mètres, trois grands lustres de verres blancs, suspendus l'un au milieu de la chaussée, les autres au-dessus de chaque contre-allée. Clouard et ses compagnons s'abandonnaient au courant.

La griserie générale les surexcitait encore. Plus de fatigue des vingt heures en chemin de fer ! Ils n'avaient pas mangé depuis Dijon, devaient se rendre chacun dans un quartier différent : n'importe ! A plus tard, les affaires. Pour le moment, rien qu'un besoin de se faufiler au plus épais, de chanter comme les autres, de danser, d'applaudir, de crier eux aussi : « Ah! ah! ah! »

Place de la République, l'encombrement fut tel qu'il leur fallut s'arrêter. Devant la statue, un monsieur, sur le piédestal, auprès des lions, chantait, seul, le premier couplet de la *Marseillaise*. Clouard et ses deux camarades joignirent leurs voix à celles du chœur formidable, reprenant : « Aux armes, citoyens! » Ah! si l'un des trois, montant aussi sur le piédestal, avait tout à coup crié au peuple : « Nous sommes des amnistiés! » ne les eût-on pas portés en triomphe? Et ils se regardèrent dans les yeux, avec un sourire, se comprenant. Ah! oui, ils avaient mérité de la mère-patrie, eux aussi! Ce grandiose appel aux armes, que glorifiait la chanson patriotique, eux, du moins, avaient eu le mérite de l'écouter et d'y répondre, à l'heure où la République était en danger. Eh! qui sait? sans eux, sans leurs frères, cette belle fête patriotique aurait-elle lieu aujourd'hui? Quelqu'un, à ce moment, qui fût venu dire bien bas à l'oreille de Jacques : « Personnellement tu n'as jamais exécuté qu'une sortie, sans fusils, jusqu'à Levallois-Perret! « l'eût considérablement surpris et dérangé. Mais, bientôt, tout sentiment étroit et personnel, tout égoïsme, disparut.

— Chapeau bas! chapeau bas! criaient quelques citoyens.

On se découvrit. Il y eut quelques instants de pur enthousiasme, pendant que la foule entonnait un hymne. La pluie cessa ; de longs roulements de tonnerre faisaient un accompagnement céleste. Et la grande place, pavoisée et brûlant de mille feux de toutes couleurs, semblait le chœur embrasé de quelque prodigieuse cathédrale, où la dévotion des fidèles aurait adoré une nouvelle statue de la Sainte-Vierge République. Tandis que les grands jours de la Révolution, représentés en bas-reliefs autour du massif principal, ressemblaient à quelque chemin de croix.

— Rudement chouette, tout de même ! s'écria un des trois camarades.

— Rien que ça, vaut l'argent ! ajouta un autre.

Et ils rirent aux larmes, longuement, en s'essuyant les yeux.

Revenant au sentiment de la réalité, ils se souvinrent qu'on devait se dire adieu. L'un se rendait à Montrouge, l'autre à Belleville, tandis que Clouard remontait du côté de Montmartre, où il espérait retrouver les traces de sa femme.

— Quittons-nous ! ici, devant la République !

— Oui, mes amis.... Serrons-nous la main, en gens de revue.

Et les trois hommes se donnèrent des poignées de main. Mais ils ne se séparaient pas tout de suite. Quelque chose leur manquait à chacun.

— Eh bien ! si l'on s'embrassait ? fit Clouard.

C'était cela ! Une fois qu'ils se furent embrassés, le Bellevillois, l'âme plus solide, dit que tout cela ne suffisait ; il fallait boire un verre. D'ailleurs, n'était-ce pas sa tournée ? Il payerait, lui. Et voilà les trois amis entrés chez un marchand de vin de la rue de la Douane.

Après la tournée du Bellevillois, les autres voulurent y aller de la leur. Enfin, à l'angle de la rue et de la place, ils s'embrassèrent encore.

— Alors, adieu.

— Non, à bientôt !

— Alors, à quand ? cria Clouard.

Les deux autres s'étaient déjà éloignés de quelques pas. Mais le Bellevillois retourna la tête ; et, faisant de ses mains arrondies un porte-voix :

— A quand ?... Parbleu ! à la prochaine Commune !...

A la prochaine Commune, eh ! elle était bonne, celle-là. Impayable, ce Bellevillois, un peintre en bâtiment, très farceur, dont les lazzis et les cris burlesques les avaient plusieurs fois amusés pendant le voyage. En s'en allant, tout seul, Clouard, légèrement surexcité par la fête, par les tournées, riait encore. Mais, de là à ce que la Commune fût prochaine ! Peu probable, si tout marchait maintenant en France comme ça avait l'air de marcher ; si, riches et pauvres, bourgeois et ouvriers, civils et militaires, toutes les classes de la société, définitivement réconciliés, s'entendaient une bonne fois. D'ailleurs, demain, comme l'on dit, il ferait jour ! Et lui, Jacques Clouard, verrait bien si la fête allait avoir un beau lendemain.

Pour l'heure, un peu gris, de l'enthousiasme public et de vin à seize, Jacques était très porté à voir les choses en beau. Il n'était pas loin de minuit. Malgré l'heure, malgré le ciel chargé d'électricité, sillonné d'éclairs, retentissant de coups de tonnerre, malgré de fréquentes petites ondées, les rues étaient pleines de gens attablés, buvant à la lueur des lanternes vénitiennes, jouant aux cartes, chantant. Et, toujours des pétards, des cris patriotiques ; des maisons entières disparaissaient sous les drapeaux et les lumières. Une sorte de kermesse effrénée, faite de la joie énorme d'un peuple ; avec la sensation que, partout, dans tous les sens, il y avait d'autres embrasements, d'autres vacarmes, d'autres ivresses. Au delà des fortifications, la fête avait gagné la banlieue, exaltait la France entière.

Être partout, et tout voir ! Lui qui connaissait à fond son Paris ! Toutes sortes de curiosités, dont le grand nombre rendait la satisfaction impossible, lui venaient. Que ne pouvait-il se transporter rapidement aux points les plus opposés, contempler à la fois les Buttes-Chaumont, les Halles, le jardin du Luxembourg, courir en un clin d'œil de la barrière du Trône aux Champs-Élysées ! Puis, entre les grands vols de son désir, il se sentait attiré vers d'innombrables particularités. Que pouvait bien avoir inventé le Grand-Hôtel? Les magasins du Louvre devaient être joliment curieux à voir ! Il eût voulu passer au boulevard Magenta, devant les fenêtres de son ancien patron : le vieux drôle, un gredin sournois et avare, n'avait pas dû se mettre en frais, même d'un drapeau de vingt-cinq sous, ni d'un lampion.

Au milieu de ces divers picotements de curiosité, malgré une ivresse croissante, quelque chose, comme une force inconsciente, le rapprochait toujours de Montmartre. Certes, il faisait détours sur circuits, prenant parfois par une rue plus embrasée que les autres, s'arrêtant ici pour écouter une musique d'amateurs, là pour joindre sa voix aux voix d'un orphéon chantant. Mais il revenait quand même sur ses pas, montait vers son ancien quartier. Il avait un but. Toute cette joie publique, c'était bien ! Mais ces citoyens heureux avaient auprès d'eux leur femme et leurs enfants ; au jour, qui n'allait pas tarder à se lever, quand ils voudraient se reposer, ceux-là rentreraient paisiblement dans leur domicile. Lui, venait bien de retrouver sa patrie et sa ville natale : où était son chez lui? Dans quel lit d'hôtel garni dormirait-il, s'il ne découvrait les siens cette nuit?

Déjà deux heures du matin. Ayant gravi la pente raide de la rue Rochechouart, il se trouvait à l'intersection de l'avenue Trudaine et d'un square qu'il ne connaissait pas. Il lut sur une plaque neuve : « Place d'Anvers. » Dans la large trouée, tout en face, de l'autre côté du boulevard extérieur, il aperçut un quartier en amphithéâtre, des rues en échelle, se haussant les unes sur les autres : Montmartre! Quelques pas, et il y serait ! Mais, avant de traverser la place, il enfila d'un regard toute l'avenue Trudaine.

Couverte, dans sa longueur, d'arcs de verdure, de lampions allumés, autant de portiques de flammes dont les derniers semblaient se toucher, se confondre en une seule voûte embrasée, l'avenue présentait un aspect féerique. Au milieu, exhaussés sur une large estrade couverte, les musiciens d'un nombreux orchestre jouaient un quadrille. Qui sait? sa femme et sa fille pouvaient être au milieu de cette foule qui dansait, partout, sur la chaussée du milieu, sur les trottoirs le long des maisons? Jacques s'avança.

Quel entrain ! Quelle joie ! Certains couples dansaient le parapluie à la main ; les autres se souciaient peu d'être mouillés. La musique endiablée, le tonnerre et les pétards, les illuminations et les éclairs, tout dégageait comme un besoin de ne pas rester en place, de tourner, de se répandre, de se livrer à quelque acte exalté. Des jeunes filles sages, en blanc, sous les yeux de leurs frères et de leurs pères, faisaient vis-à-vis à des cocottes du quartier Breda, poussaient les mêmes cris burlesques. Des calicots bien vêtus, au milieu d'un avant-deux, se laissaient choir de leur long, ventre dans la boue. Et une toute petite bossue, plus large que haute, en robe tricolore, roulait çà et là au milieu des figures, comme une sorte de boule, portant bonheur, que se repassaient toutes les mains.

Après le quadrille, sans interruption, la polka, la valse, un autre quadrille encore. Et Clouard, pris dans l'engrenage de folie, ne se dégageait pas; poussé, bousculé, sentant la tête lui tourner, ses idées se brouiller, mais heureux. Sa femme pouvait être par là, regardant comme lui. Ne viendrait-elle pas se jeter à son cou, lorsqu'il s'y attendrait le moins. Sa fille? eh ! grand Dieu ! il allait la reconnaître, grandie et superbe, donnant la main à son cavalier; s'il ne la reconnaissait pas tout de suite, elle lui crierait la première : « Bonjour, petit père ! Embrasse ta Clara. »

Comme l'aube commençait à blanchir, l'orchestre, saluant le jour, attaqua la *Marseillaise*. Aussitôt, une idée de la foule ! Dans la longueur de l'avenue Trudaine, une ronde immense se mit à tourner, sur l'air national. Jacques se sentit saisir la main gauche, et, instinctivement, sa droite chercha une autre main. Il était un anneau de la chaîne unique.

Comme les autres, tournant, enlevé par le branle général, ne se sentant pas, tournant toujours, il n'était plus qu'un fou, une sorte de grand enfant enthousiaste qui criait à tue-tête : « Vive la République ! » et dont les yeux, sans motif, se remplissaient de larmes.

Enfin la ronde s'arrêta. Clouard se trouvait au bas de l'avenue. Devant lui, dans le grand jour, quelque chose qu'il n'avait pas vu : une gigantesque charge, d'André Gill, peinte et découpée sur bois, formait un arc de triomphe tenant toute la chaussée. Un Gambetta burlesque et colossal, en signe de réconciliation, donnait la main à un amnistié, dont la barbe de fleuve ressemblait à celle de Jacques.

IV

Il était largement cinq heures quand Jacques quitta l'avenue Trudaine. Au boulevard Rochechouart, l'orgue de barbarie d'un jeu de bague encore ouvert, jouait continuellement. Il gravit la rue Dancourt, à grandes enjambées.

Devant le théâtre de Montmartre, il ralentit le

pas. Un large urinoir couvert, établi au milieu de la petite place, n'existait pas de son temps. Mais chaque maison, avec ses fenêtres closes, lui semblait une ancienne connaissance. Et le théâtre, ce vieil ami de son enfance, où, gamin, il avait vu jouer tant de pathétiques mélos, eh bien ! d'un regard attendri, il s'oubliait à lui souhaiter un bonjour. C'étaient les mêmes barrières de bois, entre lesquelles il avait si souvent fait queue ! Tiens ! mais qu'est-ce que l'on jouait donc ce soir-là ? Il alla lire l'affiche :

— « *L'Assommoir*, drame en neuf tableaux, tiré du roman d'Émile Zola, par MM. W. Busnach et O. Gastineau. »

Diable ! du nouveau. Au fait, n'était-ce point ce succès qui avait fait courir Paris une année, et dont il avait lu le compte rendu, là-bas, au delà de l'Océan, dans un journal vieux de plusieurs mois ? Oui, il se rappelait : il était question du peuple dans cet ouvrage, du vrai peuple, représenté tel qu'il est, sans montage de coup, ni débinage. Et, puisqu'on jouait encore l'*Assommoir*, il paierait ce spectacle à la femme, aux enfants. Ce qu'on passerait une chouette soirée !

En arrangeant ce projet, Jacques avait pris la rue des Trois-Frères. Au carrefour, d'où rayonnent les rues Tardieu, Chappe et Antoinette, il s'orienta. Du réverbère, par la rue Tardieu, son regard plongeait dans le vaste enfoncement de la place Saint-Pierre, méconnaissable avec son square neuf. Sous le brouillard pâle qui noyait le soleil, les jeunes arbres et les massifs de verdure faisaient un décor d'une finesse adorable. Et Jacques se disait que le quartier avait gagné. S'il revenait souffreteux et vieilli, avec des cheveux blancs, il retrouvait les choses embellies, rajeunies. Et, des choses, sa pensée se reportait de nouveau vers les siens. Il n'allait même plus les reconnaître. Clara, par exemple, sa fille Clara ! Au lieu de la morveuse qu'il avait laissée, ce serait une belle demoiselle, à la fois timide et tendre. Et Pascal ! lui qui, en 1871, ne savait ni parler, ni marcher, devait être un petit homme. Quelle contenance aurait-il, devant le père arrivant à l'improviste ? Jacques se promettait de mettre son doigt sur la bouche, afin que la mère ne dise rien. Et il attendrait : il verrait si la voix du sang parlerait chez Pascal.

Tout cela, dans quelques minutes ! A moins que sa femme n'eût changé de rue, de quartier. Alors, ce ne serait pas long ; au besoin, il se fendrait d'un sapin. Maintenant Jacques courait. Encore quelques maisons de la rue des Trois-Frères : l'hôtel meublé ! la crémerie ! le magasin de modes ! l'herboriste ! Les devantures étaient fermées, mais Jacques connaissait si bien les boutiques. Les enseignes disparaissaient sous des guirlandes en papier, sous des drapeaux.

Deux ou trois lampions, à des fils de fer, brûlaient encore. Un nouveau coude de la rue et là, tout de suite, à gauche, le numéro 47 : une manière de porte cochère délabrée, toujours ouverte à deux battants, surmontée de feuillages verts et de deux drapeaux, donnant accès dans un passage à ciel ouvert, étranglé entre deux hautes murailles sans fenêtres. Au fond de l'étranglement, le même marchand de vins qu'autrefois, avec des mots peints en noir sur le plâtre du mur ; « *Vin en bouteille, — vin à emporter.* » Puis, un retour et un resserrement du couloir à ciel ouvert. Enfin là, devant lui, une masure à deux étages.

Au rez-de-chaussée, le commencement d'un escalier en pierre, dont la première marche était de plain pied avec le pavé de la ruelle. A côté de l'escalier, au-dessus d'un hangar fermé par une porte à claire-voie : *Fabrique de noir à sabots et à galoches.*

Jacques, avant de gravir les marches usées, se tenait à la rampe en plâtre. Quel battement de cœur ! Avant de monter, il avait reconnu, aux fenêtres du second étage, deux caisses à fleurs : son œuvre. Jadis, pour faire plaisir à Adèle, un dimanche, avec de vieilles planches, il les avait établies dans l'embrasure de chaque fenêtre. La terre, sa femme et lui étaient allés ensemble la ramasser sur la butte, près du Moulin de la Galette, un soir, et ils l'avaient apportée dans un sac. Le long des mêmes ficelles, ses gobéas et ses pois de senteur grimpaient encore. Aussi, en escaladant enfin les marches, s'abandonnait-il à un heureux pressentiment : rien ne devait être changé. La porte allait s'ouvrir. Dans quelques secondes, chez lui, il les presserait tous sur son cœur. Il frappa avec assurance.

Rien!

Il frappa encore, plus doucement.

Cette fois, à travers la cloison, tout contre la porte, ce fut comme le bruit d'un corps endormi qui se retournerait dans un lit.

Autrefois, le lit n'était pas placé dans cette première pièce, servant d'atelier. Jacques frappait toujours, mais timidement.

— Qui est là? fit une grosse voix d'homme.

Clouard se nomma.

— Connais pas!... On ne réveille pas les gens à cette heure.

Il demanda si madame Clouard ne demeurait plus ici. La grosse voix se fâchait :

— Je n'aime pas les farces, sacré imbécile!... Est-ce que je connais ta madame Clouard, moi!.. Veux-tu me bien me foutre la paix! ou je sors te flanquer une de ces...

— Nom de Dieu! sors, si tu as du cœur!...

Jacques s'emportait à son tour, très rouge. Déjà son poing se fermait pour cogner sur la porte. Il se contint. Une idée cruelle lui venait pour la première fois. Dans sa candeur, en neuf ans d'absence, Jacques n'avait jamais songé à l'hypothèse de l'infidélité de sa femme. Jamais, le démocrate rêveur qu'il était, ne s'était dit qu'une femme, jeune encore, restée seule avec deux enfants sur le pavé de Paris, avait pu faillir. Non! à la suite de son évasion, passant pour mort et lorsque ses lettres étaient restées sans réponse, toutes sortes d'inquiétudes sur le sort des siens l'avaient torturé; il avait tout redouté pour eux : la faim, la maladie, l'hôpital et le Père-Lachaise; mais le déshonneur? non! Il était trop sûr d'Adèle, la sachant active, énergique et honnête. Maintenant, pour s'être sottement imaginé que le sort avait fini de s'acharner contre lui, ses plus chères croyances se trouvaient ébranlées. Écrasé sous des pensées nouvelles, sous des soupçons affreux, toute colère tombée, Jacques redescendait déjà, sur la pointe des pieds, comme honteux.

Le brouillard s'était dissipé. Quelle belle matinée! Sous les premiers rayons d'un soleil déjà chaud, Jacques courait, se sauvant comme un voleur. A la sortie du passage à découvert, reconnu par une concierge de la rue des Trois-Frères, il sut par celle-ci que, peu de temps après l'arrestation de son mari, madame Clouard avait quitté Montmartre, pour habiter rue des Moulins.

Un peu rassuré, il remercia cette femme, et,

frémissant encore, redescendit au boulevard extérieur. Là, il trouva un omnibus, qu'il quitta devant le Théâtre-Français. Et il commença une enquête fiévreuse, accostant des messieurs qui n'étaient pas du quartier, voulant faire ouvrir les boutiques, sonnant à des portes.

La rue des Moulins n'existait même plus. A la place il trouva une magnifique voie nouvelle : l'avenue de l'Opéra.

V

Il était exténué. Ses vingt-quatre heures de chemin de fer, cette nuit blanche passée à errer dans Paris en délire, les émotions de sa matinée, ces espérances, ces déboires, tout commençait à se troubler, à s'obscurcir dans son cerveau trop plein. Il avait la fièvre. Le creux des mains lui brûlait. Encore pavoisé de drapeaux et d'oriflammes, Paris ne lui semblait plus beau. De larges taches jaunes, puis noires, lui dansaient devant les yeux. Place de la Bourse, il n'eut aucune admiration pour le grand velum en velours rouge tendu devant l'horloge. Là-dessous, un orchestre avait joué toute la nuit. Le fouillis de ces chaises bouleversées, lui semblait absurde. Il fit le tour de la Bourse, passa devant une baraque adossée au monument. Trois marches en planche conduisaient à l'entrée que fermait une toile tendue ; il lut ceci en grosses lettres : « *Venez tous voir Irka! Irka!! Irka!!!* » Qu'était-ce donc que cette Irka, qui se montrait ainsi, comme une bête curieuse ? Quelque malheureuse, exhibant ses formes, laissant palper ses mollets, pour gagner du pain ? Attristé par la dégradation d'autrui, écœuré, Jacques hâtait le pas. Un peu plus loin, également adossée au monument, se tenait une « *Buvette nationale.* »

Une société d'environ quinze personnes buvait du champagne, autour de trois tables réunies en une. Au fond, sous la vaste tente, à côté du comptoir, les huit ou dix garçons, qui avaient servi des clients toute la nuit, étaient enfin en train de déjeuner.

Jacques, à jeun depuis la veille, s'assit à une autre table, appela avec un pyrophore. Ailleurs, rien n'était ouvert, vu l'heure matinale. Les « prix des consommations », lus sur une pancarte, ne lui étaient point paru exagérés. Il commanda du fromage, du pain et un demi-setier.

La société de quinze personnes, attablée plus loin, faisait un tel vacarme que, malgré lui, tout en dévorant, l'attention de Jacques se portait sur ces gens-là. Leurs allures étaient étranges, suspectes.

D'abord, il regarda de travers trois jeunes gens presque imberbes, drôlement vêtus, avec de grands cols évasés laissant le cou nu, admirablement coiffés, des accroche-cœurs au front. Appuyée avec tendresse sur l'épaule d'un de ces jolis messieurs, une belle brune, grande et bien faite, l'air hardi, des yeux vifs vous dévisageant, était secouée à chaque instant d'un rire clair, qui montrait d'admirables dents blanches. La mise d'une boutiquière aisée du quartier.

Une boutiquière effrontée par exemple! Pourquoi ce grand étalage de bijoux, montre et chaîne en or, bagues massives, voyantes boucles d'oreille en corail? Tenant des propos à faire rougir un carabinier, elle fumait la cigarette. Elle parlait sur un ton d'autorité. Et toutes l'écoutaient avec déférence, toutes. Deux bonnes étaient reconnaissables à leurs tablier blanc, deux énormes dondons, débordantes de graisse, écroulées sur leur chaise, qu'elles faisaient craquer chaque fois que le rire secouait leur épaisse corpulence; fumant comme la patronne, buvant de larges coups, heureuses de vivre, elles manquaient absolument de respect envers les autres dames de la société, qu'elles tutoyaient, en les appelant par leurs petits noms : « Flora... Blanche... Blondinette!... »

Quant à ces dames, Flora, Blanche, Blondinette, et les autres, elles étaient chacune en vieux peignoir de couleur effacée; leurs savates éculées, tombant presque du pied, laissaient voir des coins de bas de soie rouges, roses ou orange ; et elles vous avaient des mains blanches de paresse, aux ongles très soignés, d'éclatants teints de lis et de roses obtenus par le maquillage, des yeux assombris par le crayon noir. Et, ce qui était surtout remarquable, c'était la recherche de leurs coiffures, l'œuvre d'un même artiste, se ressemblant toutes. Elles buvaient aussi, fumaient, causaient doucement de leurs petites affaires ; mais, malgré l'assurance de leurs gestes et l'audace de leurs rires, on devinait qu'elles n'étaient pas accoutumées à se trouver dehors à pareille heure. Leurs yeux, habitués au gaz, avaient des clignotements. Comme les chats, comme certains oiseaux de nuit, elles se sentaient gênées à la lumière du grand jour.

La tenue et les allures de cette société n'eussent pas suffi à renseigner Jacques, que les bribes de conversation arrivant à ses oreilles lui en auraient appris davantage. — « Alors, Blanche, tu sors mercredi ? murmurait un des jolis messieurs. Eh bien ! je serai à *la Moderne*... Ne me fais pas poser ! » Une, parlant de sa « galette », se baissait comme pour chercher dans ses bas. Blondinette avertissait les deux bonnes de lui préparer un bain en rentrant, « avant l'heure de la visite. » Un moment elles parlèrent toutes à la fois. Il s'agissait d'une importante question : le coiffeur, Albert, venait chaque jour une grande heure trop tôt, et c'était gênant. A la fin, la belle brune, vêtue en boutiquière aisée, s'impatienta et leur ferma la bouche : « On ne fait pas autrement à la rue Chabanais! » Et le nom de la rue Feydeau, où sans doute logeaient ces dames, venait aussi fréquemment dans la conversation. Même, les salons de cette maison étaient baptisés d'étranges dénominations que Jacques entendait revenir à chaque instant : « Le Salon-Doré..., le Salon-du-Piano..., l'Aquarium... la Caisse-de-Mort..., le Salon-Moquette. »

Et, à mesure que le doute n'était plus possible, tout en mordant son pain et en reprenant du fromage, l'âme naïve de Clouard s'emplissait d'indignation. Sacrebleu ! c'était toujours la même chose ! Paris, que, neuf ans auparavant, il avait laissé vicieux et gangrené, était resté le même : toujours la Babylone monarchique, la grande capitale impure, le mauvais lieu de l'Europe ! Mais qu'avait donc fait la République, puisqu'en neuf ans elle n'était pas même arrivée à balayer le trottoir ? Comment ! pendant que des hommes qui s'étaient battus, après tout, pour une idée et qui seraient morts pour la patrie aussi bien que leurs vainqueurs, avaient longuement langui au bagne et dans l'exil, voilà les jolis messieurs que le gouvernement de la République laissait faire belle jambe au boulevard, au Bois, aux courses. Ils fumaient de gros cigares et portaient de beaux habits, achetés sans doute avec la « galette » de ces dames. Il n'y avait donc plus rien en France, ni progrès, ni pudeur, ni justice ! Alors, à quoi étaient bons ces deux grands flandrins de « sergents de ville », plantés là, depuis un quart d'heure, devant la « buvette nationale », et regardant ce monde propre, du coin de l'œil, avec un sourire de paternelle indulgence ?

Aussi, aigri par ses inquiétudes personnelles, il se tenait à quatre pour ne point se mêler de choses qui ne le regardaient en rien. N'était-il pas à une de ces heures d'énervement, de colère concentrée, qu'Adèle connaissait autrefois, et où il n'eût point fallu lui dire un mot. Qu'un de ces étonnants messieurs seulement le regardât de travers : Jacques était bien disposé à lui régler son affaire. Tant pis, si les gardiens de la paix le traînaient au poste.

Tout était donc sur le point de se gâter. Ça menaçait de devenir complètement du vilain, lorsque, soudain, une petite musique gaie, sautillante, arriva à ses oreilles, fit diversion. C'était un joueur d'accordéon, son instrument en bandoulière, qui jouait une polka.

— Tiens ! elle est bien bonne ! fit Blondinette. Une polka ?... Monsieur, une petite polka ?

— Plutôt une valse ! dit la belle brune, la boutiquière cossue, « Madame. »

Et, dans la passion de son désir, reparut une pointe d'accent, depuis longtemps perdu. Elle était née à Strasbourg. Dès que le joueur d'accordéon eut commencé la valse de Fahrbach, elle se leva, transfigurée de patriotisme, entraînant un des petits messieurs. Elle valsait avec délire devant la « buvette nationale. » Les deux gardiens de la paix s'étaient avancés. Blondinette et Flora se mirent aussi à valser. C'était le bal de la nuit qui recommençait. Les gardiens de la paix, amusés, tapaient sur leurs cuisses, se tordaient. Et, fatigués d'avoir toute la nuit vu danser les autres, tous deux semblaient avoir des picotements dans les jambes.

— Plus vite !... Plus vite !... criait Madame, qui tournoyait, pâmée au bras de son cavalier, les cheveux au vent.

Et, l'on entendait le cliquetis de ses bijoux, le froissement de ses chaînes. Alors, n'y tenant plus, un des deux gardiens de la paix, le plus laid, un gaillard avec d'énormes oreilles rouges sans ourlet, empoigna par la taille une des deux bonnes, et la força à tourner avec lui. Son camarade, qui savait réellement, valsa aussitôt avec une de ces dames. Emporté par une véritable furie, il manqua renverser en passant la table de Clouard, qui s'écria :

— Pas possible !... Mais c'est Chamonin ?

Celui-ci, le reconnaissant à son tour, lâcha sa danseuse et vint lui serrer la main.

— Mon vieux Clouard ?

— Si quelqu'un est étonné, Chamonin... Je vous retrouve sous cet uniforme !

— Chut ! fit bien vite Chamonin, en regardant avec inquiétude du côté de son collègue, l'homme aux larges oreilles rouges.

— Attendez ! mon service finit... Nous irons prendre quelque chose.

Un quart d'heure après, attablés rue Saint-Marc, dans un cabinet de marchand de vins, Chamonin et Clouard causaient. Celui-ci n'en revenait pas, de voir ainsi, en sergent de ville, ce Chamonin, de Montmartre comme lui, porteur de trois ou quatre galons pendant la Commune, cet exalté d'autrefois, ce socialiste éprouvé, de l'Internationale, qui avait passé pour un pur. Dans la rue, tantôt, à côté de lui, il s'était senti honteux. Maintenant, dans ce cabinet où personne ne les voyait, c'était encore de l'écœurement. Il s'en voulait même d'être venu, d'avoir cédé à un premier mouvement de curiosité bête. Ce gaillard qui avait fait pis que pendre, ce foudre de guerre, qui avait passé pour mort en défendant une barricade puis qu'il retrouvait de la police, n'était pas un homme à fréquenter.

Mais les scrupules de Jacques, bientôt, se dissipèrent. Chamonin lui donnait des nouvelles de madame Clouard. Elle n'était pas morte ! Au contraire, elle avait l'air de ne pas être malheureuse, de très bien se porter. Lui, Chamonin, qui avant d'appartenir au deuxième arrondissement, quartier de la Bourse, avait longtemps été du neuvième, plus de cent fois ne l'avait-il pas vue passer rue de Clichy : descendant le matin dans Paris, où elle devait travailler en journée quelque part, remontant chaque soir vers sept ou huit heures.

— Vous ne lui avez jamais parlé?

Jamais! il ne la connaissait que de vue. Mais, pour être elle? il avait de bons yeux, lui, Chamonin : c'était elle!

Le soir, une fois en haut de la rue de Clichy, elle traversait la place, passait au pied de la statue du maréchal Moncey, et s'enfonçait dans les Batignolles, où elle devait sans doute demeurer.

— Mais la rue? Mon vieux Chamonin, le numéro? — demandait Clouard d'une voix suppliante.

Pour ça, Chamonin ne pouvait en dire plus qu'il n'en savait. C'était déjà beaucoup, de savoir quel chemin madame Clouard suivait tous les jours. Aussi, non seulement Jacques régla les consommations de grand cœur, mais il voulut à toute force payer un second verre au gardien de la paix. Et, dans l'effusion de sa reconnaissance, maintenant, il le tutoyait comme autrefois, et lui prenait cordialement les mains, oubliant le renégat et le faux-frère, ne voyant plus l'uniforme.

VI

Hôtel de la Terrasse, boulevard des Batignolles, dans un étroit cabinet meublé sans fenêtre, Jacques s'éveillait.

— Tiens! il ferait nuit?... Comment ai-je pu dormir aussi longtemps?

Jacques se sentait encore harassé de fatigue. Son pantalon passé, il courut dans l'escalier où il fut tout étonné d'être ébloui par le grand jour. Il se penchait sur la rampe et demandait l'heure au garçon, lorsque deux heures sonnèrent. Habillé à la hâte, Jacques sortit, mangea une bouchée. Puis, bien qu'il n'eut pas dormi suffisamment, louant pour quelques sous un crochet de commissionnaire, il employa son après-midi à aller prendre sa malle à la gare de Lyon.

Son dîner, chez un traiteur au coin de la rue Biot, montait à vingt-deux sous. Ayant déjà donné quatre francs, le matin, pour régler une huitaine de cabinet meublé, Clouard paya les vingt-deux sous en changeant une pièce de dix francs, sa fortune. Mais bast! c'était suffisant! Sa femme, si les indications données par Chamonin étaient justes, serait retrouvée le soir même. Demain, il retournerait chez son patron.

Sept heures. Jacques sortit du traiteur; comptant commencer ses recherches à l'instant même, il n'eut qu'à traverser la place pour se trouver à l'entrée de la rue de Clichy Les ouvrières remontaient déjà, marchant par deux, par trois. Puis, des bandes de six ou sept aussi, se tenaient par le bras. Et elles occupaient tout le trottoir, faisant mine de ne pas vouloir livrer passage aux messieurs qui arrivaient en sens contraire. Mais Adèle ne pouvait être bras dessus bras dessous avec ces apprenties effrontées, de vraies gamines, qui riaient au nez des gens, des coquettes qui s'arrêtaient devant les glaces des devantures pour se regarder. Et son attention se portait de préférence sur celles qui marchaient seules, d'un pas mesuré, modestement vêtues, leur petit sac à la main.

Cependant Adèle n'arrivait pas. Allait-il seulement la reconnaître? Une femme change joliment, en dix années. Adèle, âgée de vingt-huit ans en 71, en avait aujourd'hui trente-sept. Et, depuis l'âge de dix-sept ans, elle était sa femme!

Que de choses en ce laps de temps, d'efforts stériles, de misères endurées ! Combien de ces angoisses qui vieillissent ! Mais, à travers ces mélancolies, Jacques avait beau faire appel à son imagination, il n'arrivait pas à se représenter Adèle vieille. Quelque femme de tournure âgée et lourde de démarche arrivait-elle, lui, avant de distinguer son visage, s'était déjà dit : « Ce n'est pas elle ! »

Huit heures, pourtant. Étant plusieurs fois descendu jusqu'à l'église de la Trinité, Jacques remontait encore. Huit heures et quart! Chamonin pouvait s'être trompé. Huit heures et demie! Ce Chamonin, une crapule au fond, s'était tout simplement moqué de lui. D'ailleurs, Adèle pouvait avoir récemment changé d'atelier ; par suite, d'itinéraire. Tout à coup, au coin de la rue de Bruxelles, Jacques s'étant de nouveau retourné, éprouva une grande émotion. Adèle ! A quelques pas, sur l'autre trottoir, marchant très vite : Adèle !

Il faisait encore clair. Et il n'y avait pas à s'y tromper : c'était Adèle. Toujours son grand nez au milieu de son visage pâle. Elle n'avait plus cet air maladif qui, jadis, sur son passage, faisait l'apitoiement des commères bavardant sur le seuil des portes. Un commencement d'embonpoint lui était venu avec la maturité. Sa chevelure noire, où couraient quelques fils d'argent, était soigneusement coiffée. Une mise simple, propre, un grand air de dignité. Elle portait le deuil. Marchant vite et regardant devant elle, elle n'avait pas aperçu son mari.

Lui, le cœur inondé de joie, fit avec le bras un mouvement qui n'attira pas l'attention d'Adèle. Il voulait l'appeler; la voix lui manquait. Il ne parvint qu'à murmurer son nom très bas.

Il n'aurait jamais cru éprouver tant d'émotion. Cela venait-il de ce deuil qu'Adèle portait, le sien? Pour elle, il était sans doute mort. Plus de Jacques Clouard! Brave femme, elle avait dû être atterrée par la sinistre nouvelle, pleurer longtemps, souffrir. Puis, à la longue, elle avait sans doute pris son parti. Comment, accueillirait-elle sa résurrection?

Il avait passé sur le même trottoir. Adèle était déjà devant la succursale de la Belle-Jardinière. Jacques courait pour la suivre.

Ils arrivèrent ainsi au milieu de la place, elle à deux pas en avant. Et il reconnaissait les boucles d'oreilles qu'elle portait, des boucles en or, achetées la première année de leur mariage, engagées bien des fois au Mont-de-Piété. Tout à coup, Adèle ayant tourné un peu la tête de côté, machinalement, Jacques l'appela d'une voix mal assurée :

— Adèle !... ma petite femme ?...

Et, comme elle poussa un grand cri :

— C'est moi ! fit Jacques ; tu vois, c'est bien moi ! N'aie pas peur...

Elle tremblait. Ses yeux, ses petits yeux vifs, semblaient énormes, tant l'effarement les dilatait. Ne songeant pas à se garer d'un fiacre qui arrivait directement sur elle, elle eût été écrasée, sans Jacques qui eût la présence d'esprit de la prendre dans ses bras, de l'emporter. Il la déposa sur le refuge qui entoure le monument du maréchal Moncey.

Encore toute saisie, elle flageolait sur ses jambes ; sa main, qu'il n'avait pas lâchée, tremblait d'un mouvement convulsif ; il la conduisit jusqu'à la large saillie de pierre qui règne autour du piédestal, et la fit doucement s'asseoir.

— Là, tu vas te remettre...

Assis à côté d'elle, Jacques la regardait !... Tout à coup, dans un transport de tendresse, il l'entoura de ses bras. Et il la mangeait de baisers.

— Comme c'est bon de se revoir !... Ma femme, ma petite femme, je t'aime bien. Je n'ai jamais été aussi heureux !... Tu t'imaginais que j'étais mort ?... Pauvre petite, mes lettres ne t'étaient donc pas parvenues !... Tu as bien dû souffrir de ton côté... Va, je suis là, pour toujours, et je t'aime ! je t'aime ! je t'aime !

Il ne se lassait pas de lui parler avec douceur,

et chaque mot doux s'achevait dans une caresse. Son exaltation ne faisait que grandir. Bientôt, ne pouvant même plus parler, il embrassait toujours Adèle.

A côté d'eux, sur la saillie en pierre, étendu de tout son long, à plat ventre, un homme en blouse dormait profondément. Celui-là ne le gênait guères, ni les autres, ceux qui ne dormaient pas, les passants. Et tout Montmartre avec les Batignolles, les habitants de la terre entière, l'auraient vu, se seraient mis à rire et à le montrer au doigt, que Jacques ne se serait pas gêné. Ah bien oui ! sa chère femme, pas revue depuis neuf ans ! Jamais il ne l'avait chérie autant qu'en cette minute ; jamais elle ne lui avait procuré autant de joie, même la nuit de ses noces, vierge et, pour la première fois, couchée à son côté.

Adèle ne se défendait pas. Elle lui abandonnait ses mains, son cou, sa taille, ses joues, sa bouche, mais sans lui rendre les baisers. Passive, résignée, elle attendait ; elle devait tellement souffrir qu'il y avait comme de l'hébétement sur son visage. Il fallait que Jacques fût à ce point exalté pour ne pas s'en apercevoir. Le coup était si violent, qu'elle ne pensait à rien. Par dessus l'épaule du revenant, son regard fixe s'était accroché à la carotte du bureau de tabac qui se trouve à l'entrée de la rue Biot.

Le jour mourait. Disparu derrière les maisons dans la direction du parc Monceau, le soleil ne colorait plus les toits, ni les tuyaux de cheminée. Tout commençait à flotter dans une pénombre bleue, piquée çà et là de petits points jaunes. Soudain, à côté de la carotte du bureau de tabac, la grosse lanterne rouge s'alluma. Et ce fut comme si Adèle revenait à la réalité. Elle se mit debout.

— Viens, ne restons pas là... Marchons.

Jacques lui prit le bras, qu'elle ne retira pas afin de l'entraîner plus vite! Du refuge jusqu'au coin de la rue Biot, elle se retournait à chaque instant, sondant avec inquiétude le boulevard extérieur. Devant le café-concert de la rue Biot, toujours troublée, elle regarda encore en arrière. Elle ne commença à être un peu plus tranquille que dans la rue des Dames. Puis, elle le fit tourner à droite et prendre par la rue Boursault. Lui, ne se méfiant de rien, l'aurait suivie au bout du monde. Tout en marchant, il lui racontait sa vie : depuis la minute où, escorté de deux mouchards, il l'avait quittée pour aller s'expliquer chez le commissaire de police du quartier. Son désespoir au commissariat de police, en s'apercevant enfin qu'il était bel et bien arrêté ; ses inutiles supplications pour la revoir ; sa rage, au Dépôt, dans une cellule, quand, pour la première fois, on tira des verrous sur lui ; les angoisses de la prison préventive, les mortelles longueurs de l'instruction, les humiliations du transfert à la prison de Versailles ; puis, devant le premier conseil de guerre : l'acte d'accusation, l'interrogatoire, les témoins, les incidents d'audience, le réquisitoire, l'inique jugement. Jacques ne lui faisait grâce d'aucun détail. Au bout de la rue Boursault, ils arrivèrent devant la grille du square des Batignolles.

Les soirs d'été, l'on ne ferme les portes qu'à onze heures ; il en était à peine neuf. Dans la douceur d'un restant de jour, que semblait prolonger la clarté d'une lune magnifique, énorme, se haussant au-dessus du clocher de la petite église, on voyait à travers les barreaux de fer, des familles entières : mari et femme, enfants, jeunes filles, vieillards ; toutes sortes de gens tranquilles, venus là pour respirer un peu de fraîcheur après une journée accablante ! Tous les bancs se trouvaient occupés. Du côté de la rocaille, des gosses, attelés plusieurs à la même ficelle, jouaient au cheval et au cocher. Des jeunes filles, se tenant par la taille, causaient avec les canards du petit lac. Tandis que des jeunes mères, à l'écart, berçaient quelque enfant au maillot qui s'endormait dans leurs bras. Alors, quittant brusquement Jacques, Adèle courut jusqu'à la grille. Elle regardait à travers les barreaux, interrogeant tout le square, cherchant avec avidité. Lui, arrivant derrière elle, ne se doutait pas de l'expression tragique de son visage.

— Veux-tu entrer ? lui disait-il. Si tu as dîné, allons nous asseoir là-dedans.

Sans l'entendre, Adèle regardait toujours. La vue d'un petit garçon de deux ans, qu'une vieille tenait par des lisières et qui s'essayait à marcher sur le gravier d'une allée, lui mit une flamme à la joue. Déjà elle souriait et ses mains se tendaient vers le marmot. Soudain, se ravisant, elle se retourna vers Jacques.

— Il y a trop de monde ! Allons le long du chemin de fer... Nous serons mieux pour causer !

Et elle se laissa de nouveau prendre le bras.

Maintenant, le long de la grille du chemin de fer, Jacques cherchait à retrouver le fil d'une phrase interrompue :

— Où donc en étais-je ?... Ah ! oui, la peine de mort de ma contumace, changée en déportation dans une enceinte fortifiée... Je venais d'être embarqué sur le transport l'*Océan*...

Et le voilà racontant la traversée et ses épisodes, la malsaine nourriture, les mauvais traitements, le mal de mer; puis, l'arrivée à Nouméa, sa vie à l'île des Pins et dans la presqu'île Ducos; puis, le drame pénible de son évasion, l'embarcation heureusement dérobée, la surveillance trompée des gardiens, la chaloupe coulée à fond par un boulet, son salut miraculeux et le bizarre concours de circonstances l'ayant fait passer pour mort; enfin, plus tard, dans une colonie anglaise qu'il était parvenu à gagner, sa stupéfaction en lisant un journal qui racontait son propre décès. Tout cela jeté confusément, sans explications, avec toutes sortes de « Je te raconterai ça plus tard », ou de « Tu comprendras un autre jour. » Mais c'était une démangeaison de parler quand même, de tout lâcher à la fois en mots incohérents, comme si, n'ayant plus depuis neuf ans adressé la parole qu'à des étrangers, à des indifférents, il s'était tout à coup senti le besoin de se rattraper. De temps en temps, près d'eux, dans la tranchée profonde du chemin de fer, des trains passaient à toute vapeur, sous un nuage opaque de fumée blanche, au fond duquel saignait un moment l'œil rouge grand ouvert du dernier wagon.

La tête basse, à mille lieues de l'île des Pins et de la presqu'île Ducos, Adèle restait en proie à quelque combat intérieur. Et, lui, dans la nuit complète, plein de sécurité, tout à ses souvenirs, ne devinait pas, ne s'apercevait de rien.

Au bout de la grille, au lieu de tourner à gauche, rue Cardinet, de pousser jusqu'à la gare des Batignolles, ils rebroussèrent chemin. Un banc, sur leur passage, était libre.

— Asseyons-nous, dit Adèle. Je suis lasse.

Ils tournaient le dos au square, lui tout contre elle. Pas de reverbère aux alentours. Devant eux, les barreaux de la grille et le vide de la tranchée du chemin de fer. Ils étaient bien seuls. Jacques voulut lui passer un bras autour de la taille.

— Non ! on pourrait nous voir !

Elle se recula. Jacques eut un serrement de cœur. Il gardait le silence. Ses premiers transports de joie et de tendresse étaient loin ; il ne pensait déjà plus au passé, mais à la vie nouvelle qu'il allait recommencer avec Adèle. Il éprouvait même quelque chose d'inattendu, d'extraordinaire. Cette femme, avec laquelle il avait couché onze ans de suite et qui l'avait rendu père cinq fois, maintenant lui était devenue étrangère. Cette lacune de neuf années, qu'il sentait là, béante, le gênait. Elle avait raison après tout : des caresses, c'était bien gentil ! mais ce n'était point assez pour combler ce vide. Que de choses encore à lui dire, surtout à apprendre d'elle ! Eh bien ! par quoi commencer ? Il se sentait plus embarrassé que le soir de leur mariage, lorsque, ayant pris congé de tout le monde, restés en tête à tête, ils avaient dû inaugurer l'existence commune. A la fin, le silence devenant gênant, comme il fallait trouver quelque chose, il lui parla de la sérénité de la soirée, l'interrogea sur le temps qu'il avait fait à Paris avant son arrivée. Adèle répondait par des monosyllabes.

— Te sens-tu fatiguée ?
— Pas trop.

— Tiens-tu à rentrer bientôt?

— Non.

Il reparla de la pluie et du beau temps. En Suisse, à Genève, le printemps avait été détestable. Elle, ayant ramassé à ses pieds une poignée de petits cailloux, les faisait couler d'une main dans l'autre, machinalement. Le silence recommença. Tout à coup, ce fut pour Jacques comme une brûlure, dans tout l'être. Une de ses mains, oubliée dans celle d'Adèle, avait reçu deux ou trois gouttes, toutes chaudes : sa femme pleurait silencieusement.

— Qu'as-tu donc? fit-il en se jetant sur elle.

Alors, ne se contenant plus, elle sanglota comme un enfant; Jacques eut la joue toute mouillée. Puis, par un violent effort de volonté, elle cessa subitement de pleurer; et, tirant son mouchoir, elle s'essuya les yeux. Maintenant, c'était elle qui parlait à Jacques. Non! cela lui faisait trop de mal de se taire! Pour elle, et pour lui, qui apprendrait toujours la vérité, mieux valait en finir de suite.

— Vite! Tout! Je veux tout savoir! murmurait Jacques.

Puis, s'apercevant qu'elle hésitait, comme si l'aveu lui coûtait trop, il s'emporta :

— Qu'as-tu donc à dire, malheureuse? Tu me fais peur...

Il n'était plus le même homme. Ses yeux hors

de la tête la foudroyaient. Il lui serra le poignet avec une violence extraordinaire.

— La misérable! Elle aura eu quelque amant!

Et comme elle faisait signe que oui, en baissant la tête, ce fut plus fort que lui, il lui secoua brutalement le bras. Puis, la lâchant, il se mit debout devant elle, le poing levé, prêt à frapper. Elle, résignée à tout, très calme, ne faisait pas un mouvement, semblait dire : « Agis comme tu veux : frappe, tue, c'est ton droit! » Il se laissa retomber à côté d'elle sur le banc.

— Malheureux que je suis! Je ne peux pas!... Je ne peux pas!

Il sanglotait à son tour, se cachant le visage, n'en voulant déjà plus à Adèle. Il se sentait écrasé sous la fatalité, plus à plaindre à Paris que dans l'exil, partout misérable. Tandis qu'Adèle, maintenant prise de pitié, essayait timidement de le calmer.

— Tiens! si tu prenais mon mouchoir pour essuyer tes yeux... Il est tout blanc; je ne m'en suis pas encore servie...

Et elle les lui essuyait elle-même, avec douceur. Jacques la repoussait faiblement.

— On pourrait nous voir : ne pleure plus, toi! suppliait-elle... Autrefois, te souviens-tu? quand tu avais de la peine, je te disais de ne pas te désoler, de faire cela pour moi, et tu m'écoutais..... Aujourd'hui, je n'ose rien te dire.

La voyant si humble, Jacques se sentit moins désespéré. Il l'aimait encore. Elle s'était montrée franche en avouant sa faute : il la prit de nouveau dans ses bras.

— Ma pauvre femme !...

Et il disait maintenant qu'il lui pardonnait. Tout serait oublié. Ils ne reparleraient jamais de ce qui s'était passé. Pendant neuf ans, réduite à ses propres ressources, avec des enfants jeunes sur les bras, elle s'était tirée d'affaire comme elle avait pu ! Elle y avait été forcée : elle était excusable. D'autres eussent fait pis à sa place. Mais, maintenant qu'il était là, tout rentrait dans l'ordre. Lui, dès le lendemain matin, retournerait chez son ancien patron. Ils allaient recommencer la vie, travailler, avoir beaucoup de courage.

— Dix heures ! viens, rentrons... Allons nous coucher...

Adèle ne se leva pas. Elle semblait n'avoir rien entendu.

— Allons, viens ! répéta-t-il. Moi j'avais pris un cabinet meublé pour huit jours : quatre francs de fichus en l'air ! si j'avais su... Mais, quatre francs, ce n'est pas une affaire... Allons, houp !... Y a-t-il loin, d'ici chez toi ?

Elle était comme clouée sur le banc. Jacques, stupéfait, la vit secouer la tête, faire signe que non.

— Pas plus chez moi, que chez toi !... dit-elle

avec fermeté. Ni ce soir, ni les autres jours !...
Jamais !

— Jamais ?

Cette fois, ce n'était plus de la colère, mais une immense angoisse. Ce nouveau coup lui retournait le cœur. Et il restait là debout devant Adèle, inerte et muet, hébété.

Elle lui prit encore affectueusement les mains, le fit se rasseoir, releva même son chapeau qui venait de tomber. Puis, doucement, avec des précautions, dans son naïf langage de femme du peuple, mais avec une délicatesse de sœur de charité mettant à nu une plaie vive, voilà qu'elle lui apprenait tout. Elle lui ouvrit les yeux. Elle lui fit comprendre qu'ils étaient morts désormais l'un pour l'autre, qu'il existe des faits accomplis, irréparables, que les joies détruites ne recommencent plus. Certes, ce n'était ni gai, ni consolant, ce qu'il entendait là ; mais, au fond de son être, une partie de lui-même s'avouait tout bas que ce langage était celui de la réalité. Et mieux valait encore que ces choses trop vraies lui arrivassent par la bouche de celle qui avait été sa femme.

Aussi, Jacques la laissait parler, ne protestant pas, ne criant pas, ne songeant plus à la battre. Insensiblement, ce qu'il avait eu la naïveté de croire intact, s'émiettait ; et ses illusions s'envolaient ; son bonheur tranquille d'autrefois, n'était plus que débris et poussière. Maintenant, étouffé sous toutes ces cendres de lui-même, il n'avait plus la force de se plaindre. Et elle, sans qu'il l'interrompît, lui expliqua qu'elle faisait partie depuis des années d'une autre famille, qu'elle avait contracté une nouvelle union, irrégulière certes aux yeux de la loi, mais sérieuse et légitime, respectable aux yeux de la conscience.

— Alors, ce soir, on t'attend... Et c'est un autre que moi ?

— Oui ! répondit-elle d'une voix ferme.

— C'est à moi que tu oses avouer ça !... A moi ! Ton mari !

— Que veux-tu ! J'ai un enfant.

— Un enfant ? Oh ! un enfant !

— Un petit garçon de dix-huit mois... Ne te croyais-je pas mort depuis trois ans, toi !

Et, de sa voix franche, devenue tendre tout à coup, elle lui parla de son fils. Il n'était pas avancé pour son âge, commençait à peine à mettre un pied devant l'autre, avait besoin de grands ménagements. On ne le lui avait pas bien soigné en nourrice.

— Tu ne sais pas, toi, qu'il est ici... tout près... dans le square.

Elle tourna la tête. Tantôt en regardant à travers la grille, elle l'avait aperçu. Une voisine le gardait pendant le jour; puis le soir, quand il faisait beau, cette femme le lui amenait là. C'était là qu'elle le reprenait, sa journée finie. Même, elle n'avait plus beaucoup de temps à rester : le square fermait à onze heures.

Jacques sanglotait. Et Clara ! Et, leur petit Pascal ! Elle ne lui en parlait pas ; avait-elle donc cessé de les aimer ? Peut-être parce qu'ils étaient de lui, ceux-là ! Ses larmes tarirent. Brûlé d'une jalousie tardive, indirecte mais atroce, il poussa un cri rauque :

— Et les nôtres, dis ?... Moi aussi, j'en ai eu avec toi, des enfants !

Adèle hocha douloureusement la tête.

— Non ! fit-elle d'une voix navrée ; nous n'en avons plus.

— Comment ! Pascal ?... Mon petit Pascal ?...

— Mort !... Tu sais que je le nourrissais... Tout le monde m'a tourné le dos, après ton arrestation. Plus de travail ! On m'a donné congé. Je suis tombée malade et je manquais de tout... Il est mort !

— Et Clara alors ? Ma gentille Clara ?

Celle-là avait mal tourné. Depuis trois ans, Adèle n'en avait plus entendu parler ; la malheureuse devait courir les bastringues. Un voisin l'avait plusieurs fois rencontrée à la *Reine-Blanche*, peinte comme un tableau, levant la jambe, pendue au cou d'un certain Jules, surnommé « Passepartout, la Terreur-des-Batignolles. » C'était le dernier coup. Plus rien : ni femme, ni enfants !

Une absence de neuf ans avait tout anéanti.

Cependant, sur sa prière, celle qui avait été sa femme, consentit à ne pas le quitter tout de suite. Dix heures et demie ! Le square fermait à onze heures ; elle lui accordait jusqu'à la fermeture. Mais ils n'avaient plus rien à se dire. Des silences pénibles espaçaient leurs paroles. Jacques finit par bourrer une pipe, puis l'alluma longuement, en usant sept ou huit allumettes. Pendant ce temps, Adèle jouait de nouveau avec les petits cailloux. Elle avait donné le matin du linge à la blanchisseuse, sans avoir le temps de l'inscrire sur son cahier ; comme elle voulait réparer sa négligence en rentrant, elle se remémorait mentalement les objets : « Cinq chemises d'homme... trois *idem* de femme... deux brassières d'enfant... » Enfin, quittant leur banc, ils marchèrent un peu, côte à côte, sans se donner le bras. Vers onze heures moins cinq, devant l'entrée du square, sur le point de partir, Jacques voulut l'embrasser. Mais, avant de tendre le front, elle jetait de tous côtés des regards inquiets, interrogateurs ; lui, n'insista pas. Et ils se séparèrent.

VII

Sa seconde nuit de Paris, Jacques dormit d'un sommeil de plomb.

En s'éveillant, le lendemain matin, dans son cabinet meublé, il se mit à refléchir, à revivre l'écroulement de la veille. Il avait besoin de voir clair en lui, où il faisait pour l'instant aussi noir que dans le cabinet sans fenêtre. Ce qu'il éprouvait nettement, c'était une sensation d'angoisse inconnue, de découragement profond. A quoi bon s'habiller, se laver le visage et les mains, sortir, manger, voir l'un, voir l'autre, chercher du travail, s'agiter, se mettre à nouveau sur les bras des occupations, des intérêts, des soucis? En un mot, à quoi bon vivre? Pour rien! Pour retomber, le soir venu, sur le même grabat de désespoir et de misère! Vraiment, ce n'était pas la peine. Il eut été plus simple de ne pas bouger, de refermer les yeux, de se rendormir pour toujours.

Quant aux événements de la veille, maintenant que la nuit avait passé là, tout lui semblait très loin. Il ne reverrait plus Pascal ni Clara, sa femme était morte pour lui : eh bien! il n'y avait rien de changé à la situation ! Depuis neuf ans déjà, ne se trouvait-il pas privé absolument de Pascal, de Clara et d'Adèle ? Donc, c'était l'exil qui continuait pour lui à leur égard. C'était l'amnistie devenue lettre morte. Alors, soit ! L'exil ne lui faisait même plus très peur : il y était accoutumé.

Tiens ! il se surprenait maintenant à regretter cet exil. N'était-il pas plus heureux là-bas, certain soir d'été, six années auparavant ? Il s'en souvenait. Par une magnifique nuit, assis dehors avec trois ou quatre camarades, on parlait de Paris, en fumant des pipes, en regardant les étoiles. La lecture des journaux arrivés le matin, était rassurante. Chacun croyait à une amnistie prochaine. Le Bellevillois, avec sa verve de peintre en bâtiment, leur pariait à chacun dix tournées, que le prochain jour de l'an, — celui de 1875, hélas ! — on se souhaiterait tous la bonne année, rue Puebla, chez certain troquet, de lui connu, où la goutte était fameuse. Aux rires, succédaient des silences émus ; chacun pensait à ceux qu'il reverrait bientôt. Aujourd'hui, six ans après cette bonne soirée, Jacques croyait entendre encore un vent doux qui passait dans les grands pins colonnaires de l'île, en rendant le bruit de la mer. Ils y étaient enfin, dans leur Paris : voici que la réalité, pour lui du moins, ne valait pas le désir.

Alors, les autres ? Comment se trouvaient-ils de

leur retour? Non seulement les deux camarades qui avaient fait route avec lui, le peintre de Belleville, et le serrurier de Montrouge? Mais ceux qu'il avait vus attablés au café de la Couronne, à Genève? et ceux venus de Londres? et ceux arrivés de Bruxelles? Tous enfin : les modestes comme lui, les obcurs, le menu-fretin? Mais aussi les célèbres : Rochefort? Paschal Grousset? Malon? Trinquet? Jules Vallès?

Cependant, Jacques était en train de passer ses vêtements. Il avait hâte de sortir, de voir du monde, de courir aux quatre coins de Paris. Si son existence se trouvait brisée, au moins voulait-il savoir ce qu'était devenue celle des autres. L'instinct de sociabilité s'éveillant le rattachait déjà à la vie.

Il lui restait environ neuf francs. Son déjeuner, chez le traiteur de la rue Biot, fut des plus économiques. Puis, il ne perdit pas sa journée. Une pointe faite en passant, chez son ancien patron, boulevard Magenta. « Tiens! Clouard!... Oh! comme il est blanchi et vieilli! » La poignée de main obligatoire, un tas de questions oiseuses. En somme, un accueil froid. Et pas de travail à lui donner immédiatement : « C'est qu'on ne fait rien! et j'ai plus de monde que je n'en puis occuper... Dans quatre ou cinq semaines, je ne dis pas... Vous repasserez. »

Dans cinq semaines? Plus souvent qu'il chômerait un grand mois ! Du boulevard Magenta, Jacques ne fit qu'un saut à la rue Saint-Fiacre, à la rue de Cléry. Là, il était très connu, et comme un excellent compagnon. Mais que de changements en dix ans ! Les uns, morts ; d'autres s'étaient retirés ; d'autres avaient changé d'adresse. Enfin, après deux heures passées à frapper à bien des portes, Jacques trouva son affaire, dans un grand magasin de chaussures. On l'embauchait à partir de lundi prochain. Il n'était encore que vendredi ; donc trois jours à passer avec sept ou huit francs : mais il en avait vu d'autrement dures. Maintenant d'ailleurs, seul au monde, n'ayant à penser qu'à lui, il se trouvait assez riche !

Rue Montmartre, de loin, il aperçut Chamonin en service, marchant à pas comptés, sur le trottoir, avec un autre sergot. Un sentiment de répulsion lui fit hâter le pas, en détournant la tête.

Il était trois heures. Jusqu'au soir, et le lendemain samedi, le surlendemain encore, Clouard oisif, le gousset léger d'argent, battit le pavé. De Montmartre à Montrouge, et de Montrouge à Ménilmontant ! Il errait, les mains dans les poches, recherchant ses anciennes connaissances. Il apprit des mariages, des décès, des déménagements. Dans le petit nombre de ceux qu'il retrouva, deux ou trois se montrèrent aimables; il fallut aller avec eux chez le marchand de vin, accepter des verres. Mais, la consommation bue, quand

Jacques avait répondu à des questions insipides, toujours les mêmes, la conversation tombait. Quoi se dire? Préoccupé de ses affaires, l'ami regardait l'heure au cadran. On se donnait une poignée de main. Et Jacques se retrouvait seul. Être seul, voilà ce qui était dur.

A la gargote, l'odeur de la mangeaille le rassasiait. Penser qu'Adèle, autrefois, faisait de si bons pot-au-feu, lui assaisonnait si gentiment la salade! Maintenant, il avalait à la hâte son eau de vaisselle, son bœuf, trempait une bouchée de pain dans son vin, filait.

Le soir, il flanait sur les boulevards extérieurs. Entre les deux rangées de baraques, établies là depuis la fête du Quatorze Juillet, il se rappelait ces mêmes boulevards occupés, en 1870, par d'autres baraques en planches, où campaient les moblots. Que d'illusions perdues, en ces dix ans! Que de catastrophes! Et il écoutait les boniments des forains, l'énervante musique des orgues de barbarie, le grincement des tourniquets à dix, à quinze, à vingt-cinq centimes. Une mère de famille, sa journée achevée, s'arrêtait-elle au bras de son homme, devant la même baraque, Jacques s'en allait plus loin.

Cependant, au milieu de cette solitude et de cet avachissement, quelque chose le soutenait. Le serrurier de Montrouge, rencontré le vendredi, lui avait dit :

— Après-demain dimanche, à sept heures précises, grand banquet de tous les amnistiés, au restaurant du lac Saint-Fargeau... Je te cherchais pour t'avertir.

Le dimanche, dès trois heures de l'après-midi, Jacques était prêt. Son pantalon gris et sa longue redingote noire bien brossés, une chemise propre. Il se mit en route, à pied. Son visage rayonnait.

Enfin, il allait revivre. On passerait au moins quelques bonnes heures ensemble, ceux qui avaient souffert pour la cause. On serait entre soi, tous camarades. Il arriva bien avant l'heure, à peu près le premier. Puis, hélas! le banquet ne fut qu'une déception.

On se trouvait envahi. Un tas d'intrus, qui n'avaient jamais été déportés! De simples farceurs, attirés par la curiosité, par le bon marché du repas! On fut bientôt entassé comme des sardines dans un bocal; impossible de rien attraper des garçons, insuffisants pour le service, affolés. Avec ça, pas moyen de causer tranquillement, de s'entendre autrement que par des gestes. Rien que des enflammés qui, avant d'avoir rien mis sous la dent, étaient pochards d'avance! Des brutes qui brisaient les assiettes! De forcenés braillards tenaient des discours sans queue ni tête; c'étaient des agents provocateurs, sans doute, des mouchards ou de simples imbéciles, parlant de guillotiner le monde sans rime ni raison, et, d'un bout de la table, montrant le poing à Rochefort, à Vallès, à quelques autres, sous prétexte que ceux-ci n'étaient que des bourgeois.

Heureusement, le Bellevillois vint l'avertir, tout bas. Puisqu'il n'y avait pas moyen de rester dans cette cour du roi Pétaud, l'on s'éclipsait l'un après l'autre. Rendez-vous dans un restaurant voisin.

Là, on ne fut qu'une trentaine, des citoyens sérieux, se connaissant de longue date. On mangea au moins, on causa à cœur ouvert. Mais la soirée fut mélancolique. Tous s'accordaient à trouver Paris triste, mortellement triste. En dehors de leurs infortunes privées, sur lesquelles la plupart se montraient très discrets, tous avaient passé par une même sensation pénible, douloureuse. Oui, après la première ivresse du retour, les lampions de la fête du Quatorze à peine éteints, ils s'étaient aperçus que, pendant leur absence, la vie avait suivi son cours. Les idées et les hommes étaient devenus différents. Chacun de son côté avait souffert d'un même malaise, spécial : le dépaysement.

Puis, au dessert, les têtes se trouvèrent montées, la conversation s'élargit. Ils se communiquèrent, avec sincérité, leurs diverses impressions politiques et sociales. Là encore, ils se trouvaient unanimes. C'était du propre ! La République actuelle, avec ses impérissables institutions monarchiques : un leurre! On se serait cru encore sous l'empire. Vénalité, égoïsme, injustice, prostitution : les vices se portaient joliment bien. La misère, comme la corruption universelle, n'avait fait que progresser. A quoi bon alors s'être battu, avoir sauvé la République? A quoi bon le sacrifice de dix ans de leur existence? Ils n'étaient que des dupes! Tout restait à recommencer.

On se dit adieu. Le serrurier de Montrouge prit l'omnibus. Le Bellevillois accompagna un peu Clouard, le long des boulevards extérieurs couverts de baraques; et il ne songeait plus à consulter les somnambules, pas même à entrer faire des niches à la femme-colosse. Il fallait que le peintre en bâtiment, de son côté, eût des chagrins.

Enfin, Jacques se retrouva seul, beaucoup plus seul que la veille. Il marchait avec lenteur, ne sachant où il allait, regardant en l'air. Tout à coup, des lettres de feu : *Bal de la Reine-Blanche*. Il songea à sa fille. Cette coquine de Clara chahutait-elle là-dedans avec Jules, dit « Passe-Partout, la Terreur-des-Batignolles? » Après un moment d'hésitation, il n'entra pas. Tournant à gauche, il descendit dans Paris, sans but, uniquement parce qu'il n'avait pas sommeil, marchant pour marcher. Vers minuit, accoudé sur le parapet d'un pont, il regardait couler la Seine, une Seine noire, un gouffre de ténèbres, où il eût disparu à jamais, en ne faisant qu'un petit clapotement. Pourquoi pas? Puisqu'il était seul pour toujours! Puisque personne ne le pleurerait! Puisqu'il ne serait jamais heureux! Puisque la République n'était qu'un vain mot! Puisque tout, famille, amitié, amour, vertu, liberté, patrie, n'était qu'une immense duperie! Pourquoi pas?

Il se souvint tout à coup de sa dette, oui! des cent francs redus au fruitier et à la fruitière de la rue Winkelried : quatre-vingt-trois francs d'arriéré sur sa pension, plus dix-sept francs glissés dans sa poche, à la gare de Genève, « pour faire la somme ronde. »

Il alla tranquillement se coucher.

VIII

Six semaines plus tard. Fin août 1880, un dimanche matin. Les jours avaient déjà beaucoup diminué. Sept heures sonnèrent. Le soleil se levait, et tintait de rose les masures blanches de Carouge, le Vaugirard de Genève. La crémerie-fruiterie de la courte rue Winkelried, venait d'ouvrir. On voyait déjà, de loin, la grande tache gaie de ses radis, de ses salades, de ses carottes. Le gros chat roux dormait sur l'établi de l'échoppe prise dans la devanture. Et la fruitière attendait son mari, pour verser le café au lait du premier déjeuner. Tout à coup, un grand cri joyeux de cette femme :

— Pas possible ! monsieur Clouard ?... C'est-il bien vous, monsieur Clouard ?

Jacques embrassait déjà la grosse Suissesse aux joues carrées. Puis, avec de la joie dans les yeux :

— Tenez ! voici vos cent francs.

Et il lui tendit un billet de banque tout neuf, rapidement gagné, en se privant de tout, en travaillant des quatorze heures par jour.

— Allez ! ça ne pressait pas... Et j'espère que vous n'êtes pas revenu exprès ?

— Je suis revenu pour toujours !

Jacques s'assit, plus ému qu'il n'aurait cru, demandant du café au lait, faisant l'affamé, pour avoir un prétexte de rire aux éclats, surtout pour ne pas fondre en larmes. Quand la fruitière lui apporta l'écuelle fumante, il baisa ces deux lourdes mains rouges, salies de charbon.

— Mais vous êtes devenu fou ! monsieur Clouard.

Oui ! l'échoppe, l'établi, le chat roux, la rue Winkelried, la fruitière et la fruiterie, il était heureux de tout retrouver. Ici, du moins, ni les choses, ni les gens, n'avaient eu le temps de changer.

— Monsieur Clouard? dites-moi... Aujourd'hui, est-ce qu'ils sont tous comme ça, dans votre Paris?

Lui, subitement grave et très pâle :

— Ne me parlez jamais de Paris, madame... Ni de la France, qui n'a pas voulu de moi, où ma place est prise, où je ne remettrai plus les pieds...

Puis, après un long soupir, mélancoliquement :

— La Suisse est devenue ma patrie !

Et il commença à couper du pain dans son café au lait.

FIN

TABLE DES MATIÈRES

Le Collage 1
Les Vierges 49
    Le triomphe de l'innocence 51
    A tous les étages 65
    Mademoiselle Marie 77
Les Filles 91
    Nuit de printemps 93
    Une femme comme il faut 101
    Une ruine 111
    L'ancienne 123
Les Amants 133
    Chérubin 135
    Célestin Roure 147
    Blanche d'Entrecasteaux 159
    Un député 177
    Une belle vie 189
    A la guerre 199
Les Cocus 203
    Un duel 205
    Une femme de trop 217

TABLE DES MATIÈRES

Monsieur Betsy 229
Tous les six mois 251
LES MÈRES. 261
La générale Herbelin . . . .  263
L'avortement 275
Morale en action. 285
LE RETOUR DE JACQUES CLOUARD 293

FIN DE LA TABLE

F. Aureau. — Imprimerie de Lagny

www.ingramcontent.com/pod-product-compliance
Lightning Source LLC
Chambersburg PA
CBHW070437170426
43201CB00010B/1127